국민 한국어 1-2

KOOKMIN KOREAN

국민대학교 출판부

차례

CONTENTS

교재 구성

과	제목	문법 및 표현	기능	주제·상황	문화
1과	한글 (1)	자모 익히기 1: ㅏ ㅓ ㅗ ㅜ ㅡ ㅣ ㄱ ㄴ ㅁ ㅅ ㅇ		한글	한글
2과	한글 (2)	자모 익히기 2: ㅑ ㅕ ㅛ ㅠ ㄷ ㄹ ㅂ ㅈ ㅎ ㅋ ㅌ ㅍ ㅊ			
3과	한글 (3)	자모 익히기 3: ㅐ ㅔ ㅒ ㅖ ㅘ ㅝ ㅚ ㅟ ㅢ ㅙ ㅞ 홑받침			
4과	한글(4) 한국어의 기본 문장 구조	자모 익히기 4: ㄲ ㄸ ㅃ ㅆ ㅉ 겹받침 한국어의 기본 문장 구조			
5과	어느 나라 사람입니까?	입니다/입니까? 은/는	인사하기 자기 소개하기	학교 생활	한국인의 성과 이름
6과	그것이 마키 씨 지갑입니다	이/가 이/그/저	물건 이름 말하기		
7과	제 사전이 아니에요	이에요 이/가 아니에요	물건 이름 말히기 틀린 정보 교정하기		
8과	한국어교육센터 사무실이 몇 층에 있어요?	한자어 숫자, 단위 명사 (층,번,호) 이/가 에 있다/없다	번호, 방 호수, 층수 말하기 사물 위치 설명하기		
9과	도서관은 학생회관 옆에 있어요	위치 명사 (앞, 뒤, 위, 아래, 옆) 에 가다	이동하는 장소와 위치 말하기		
10과	빵 한 개에 얼마예요?	고유어 숫자, 및 단위 명사 에[1]	쇼핑하기1 개수 세기 가격 묻고 대답하기 물건 묘사하기	일상 생활1	외국인이 자주가는 한국의 명소
11과	저는 지금 숙제를 해요	–아/어/여요 을/를	일상 활동 말하기		
12과	커피숍에서 아르바이트를 해요	안 에서	부정하여 말하기 장소에 따른 활동 말하기		
13과	시장에서 과일하고 고기를 사요	요일 명사 에[2] 하고	날짜와 요일 말하기		
14과	친구가 친절해요	형용사 –지 않다 도	상태 묘사하기 부정하기 첨가의 의미 표현하기	가족과 친구	한국어의 호칭
15과	이분이 아버지세요	가족 와/과, –(으)시–	가족 호칭 말하기 나이 말하기 / 높임말 하기		
16과	저는 커피를 마시겠습니다	–(스)ㅂ니다 –(스)ㅂ니까? –겠–[1]	격식의 문장 표현하기 화자의 의지, 미래의 일 말하기		
17과	제 친구는 몽골에서 왔어요	–았/었/였– 에서 왔어요	과거의 일 말하기 자신의 출신지를 표현하기		
18과	서점에 책을 사러 가요	시간 –(으)러	시간 말하기 특정 장소 방문 목적 말하기	일상 생활2	한국에서의 하루
19과	이번 주말에 뭐 할 거예요?	부터 ~까지 –(으)ㄹ 거예요	계획 말하기		
20과	여자 친구한테 선물을 줬어요	에게/한테 에게서/한테서 –네요	감탄 표현하기		
21과	뭐 하고 있어요?	만 –고 있다	지금 하고 있는 일 말하기		

과	제목	문법 및 표현	기능	주제상황	문화
22과	같이 밥 먹으러 갈까요?	-(으)ㄹ까요? 무슨 -고	제안하기 수락과 거절하기	음식	한국의 식생활 문화
23과	불고기는 맵지 않은 음식이에요	ㅂ 불규칙 동사/형용사 -(으)ㄴ(형용사 관형형)	음식 취향 말하기		
24과	전 냉면을 먹고 싶어요	-고 싶다 -(으)세요 -지 마세요	음식 주문하기		
25과	이 식당은 음식은 맛있지만 좀 불친절해요	-지만 'ㄹ' 탈락 동사/형용사	평가하기 대조하기		
26과	제주도는 서울보다 따뜻해요	보다 -겠-[2]	추측하기 비교하기	날씨와 계절	한국의 찜질방
27과	장마가 끝나고 더워졌어요	-아/어/여지다 -는	계절의 특징 표현하기		
28과	계절 중에서 가을을 제일 좋아해요	중에서 제일 -(으)ㄹ 수 있다	좋아하는 계절과 계절활동 표현하기		
29과	비가 와서 바다에 가지 않았어요	-(으)ㄴ -아/어/여서[1]	이유 말하기		
30과	사거리에서 왼쪽으로 가세요	(으)로[1] -(으)니까	길 찾기 상황에 맞게 제안하기	교통	티머니
31과	버스로 30분쯤 걸려요	(으)로[2] ㄷ 불규칙 동사/형용사 에서 ~까지	교통수단 이용방법과 소요시간 묻고 대답하기		
32과	삼각지역에서 내려서 6호선으로 갈아타세요	-아/어/여서[2] 르 불규칙 동사/형용사	목적지 찾아가기		
33과	예약할 수 없으면 어떻게 해요?	-(으)면 -(으)ㄹ	조건, 가정 말하기		
34과	집에서 쉬거나 친구를 만나요	-거나 이나 빈도 부사	주말 활동에 대해 말하기 선택하여 말하기 빈도 표현하기	취미와 약속	제가 낼게요: 한턱 문화
35과	운동하는 것을 좋아하세요?	-는 것 -아/어/여 보다	취미와 경험 말하기		
36과	저녁은 제가 살게요	-(으)ㄴ/는데요 -(으)ㄹ게요	거절하기 약속하기		
37과	공항에 가야 해요	-아/어/여 주세요 -아/어/여야 하다	전화하기 약속 변경하기 요청하기		

Table of Contents

Lesson	Title	Grammar/Expression	Function	Thema / Situation	Culure
22	Do you want to go eat together?	-(으)ㄹ까요? 무슨 -고	· Suggesting · Acceptance and refusal	Food	Food life in Korea
23	Bulgogi is not a spicy dish	ㅂ irregular Verb/Adjective -(으)ㄴ(noun modifying the form of a adjectives)	· Discussing preferences about food		
24	I would like to eat naengmyoen	-고 싶다 -(으)세요 -지 마세요	· Ordering food		
25	The food at this restaurant is delicious, but the service is a little unfriendly	-지만 'ㄹ' Verb/Adjective	· Evaluating · Contrasting		
26	It' s warmer in Jejudo than it is in Seoul	보다(비교) -겠-[2]	· Guessing · Comparing	Weather and the four seasons	Korea' s jjimjilbang
27	It' s gotten warmer after the rainy season	-아/어/여지다 -는(noun modifying the form of a verb)	· Expressing the characteristics of a season		
28	Of the four seasons, I like autumn the best	중에서 제일 -(으)ㄹ 수 있다	· Discussing one' s favorite seasons and explaining activities appropriate to each season		
29	Since it rained, I didn' t go to the beach	-(으)ㄴ(noun modifying the form of a verb) -아/어/여서[1]	· Discussing reason		
30	Go to that intersection and make a left	(으)로[1] -(으)니까	· Finding directions Making a suggestion appropriately to a given situation	Transportation	T-money
31	It takes about 30minutes by bus	(으)로[2] ㄷ irregular Verb/Adjective 에서 ~까지	· Asking and answering questions about what transportation to take and how much time it would take		
32	At Samgakji station, transfer to the number six subway line	르 irregular Verb/Adjective -아/어/여서[2]	· Finding one' s destination		
33	If we cannot make a reservation, what shall we do?	-(으)면 -(으)ㄹ(noun modifying the form of a verb)	· Talking about conditions and assumptions		
34	I relax at home or sometimes I meet up with friends	-거나 이나 frequency adverbs	· Discussing weekend activities · Discussing options · Expressing frequency	Hobbies and appointments	It' s my treat: The culture of treating
35	Do you like to exercise?	-는 것 -아/어/여 보다	· Discussing hobbies and past experiences		
36	Dinner will be my treat	-(으)ㄴ/는데요 -(으)ㄹ게요	· Making a promise · Declining a suggestion		
37	I need to go to the airport	-아/어/여 주세요 -아/어/여야 하다	· Making a phone call · Changing an appointment · Making a request		

등장인물

왕쯔이

중국

장핑

중국

간토야

몽골

바트

몽골

마키

일본

카오루

일본

압둘라

사우디아라비아

이리나

러시아

알렉세이

러시아

투이

베트남

제프리

미국

이지훈

한국

김윤아

한국

음식

사진 제공 : 이천영양돌솥밥

학습 목표 : 음식을 주문할 수 있다.

22과 같이 밥 먹으러 갈까요?

준비 1 -(으)ㄹ까요?

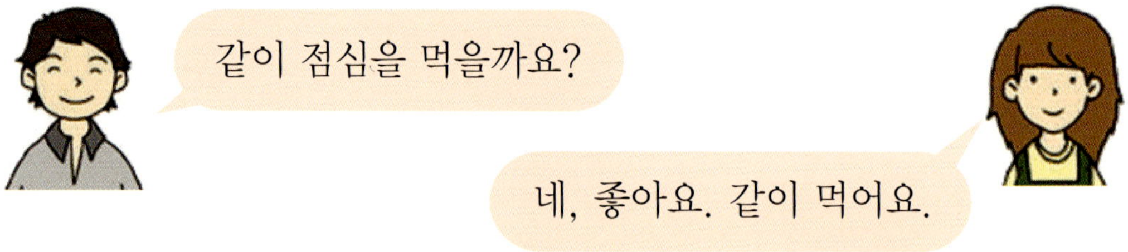

연습 1 다음과 같이 말해 봅시다.

영화를 볼까요?

1. 영화를 보다　　2. 커피를 마시다　　3. 도서관에 가다

4. 사진을 찍다　　5. 음식을 만들다

-(으)ㄹ까요?

Attached after the stem of a verb and used when the speaker suggests to the listener to do something together, or to ask the listener' s opinion about doing something together. If the stem of a verb ends with a vowel or 'ㄹ', '-ㄹ까요' should be used. If the stem ends with a consonant, '-을까요' should be used. This ending is often used with '같이' or '함께'. When you accept a suggestion, you can answer "네, -아/어/여요". When declining, rather than directly say "아니요", it is better to express disappointment and to apologize, or to explain the reason why you are declining.

- 가: 오후에 같이 영화 보러 갈까요?
  나: 네, 좋아요. 같이 가요.
- 가: 우리 어디에서 사진을 찍을까요?
  나: 저기 나무 옆에서 찍어요.
- 가: 같이 식당에 갈까요?
  나: 미안해요. 벌써 밥을 먹었어요. 다음에 같이 가요.

같이

연습 2 다음과 같이 묻고 대답해 봅시다.

> **가 :** 주말에 같이 영화를 볼까요?
> **나 :** 미안해요. 약속이 있어요.
> **가 :** 그럼 다음에 같이 봐요.

1. 영화를 보다 / 약속이 있다
2. 쇼핑을 하다 / 숙제가 많다
3. 운동하다 / 시간이 없다
4. 도서관에 가다 / 친구를 만나다
5. 산에 가다 / 고향에 가다
6. 저녁을 먹다 / 좀 바쁘다

연습 3 우리 반 친구 중에 이번 달에 생일이 있는 친구가 있습니까? 그 친구의 생일 파티를 계획해 봅시다.
Among our classmates, does anyone have a birthday this month? Plan a birthday party for that classmate.

> **가 :** 언제 파티를 할까요?
> **나 :** 내일 오후 2시가 어때요?
> **가 :** 미안해요. 2시에는 약속이 있어요. 5시가 어때요?
> **나 :** 좋아요. 그럼 5시에 해요.

언제 할까요?	어디에서 할까요?	무엇을 준비할까요?

미안하다
다음
산
저녁
준비하다

준비 2 무슨

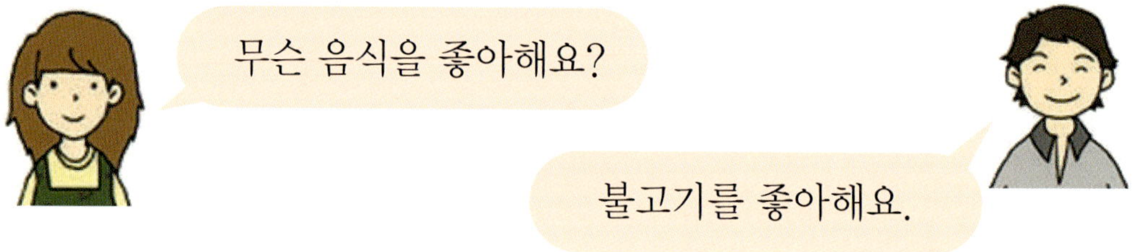

연습 1 그림을 보고 다음과 같이 말해 봅시다.

> **가 :** 무슨 음식을 좋아해요?
> **나 :** 삼계탕을 좋아해요.

1. 음식 / 삼계탕, 갈비찜, 비빔밥

2. 영화 / 액션 영화, 공포 영화, 코미디 영화

3. 운동 / 축구, 농구, 수영

4. 음악 / 케이팝, 클래식, 힙합

5. 색깔 / 하얀색, 빨간색, 파란색

삼계탕
갈비찜
비빔밥
액션
공포
코미디
음악
케이팝
(K-POP)
클래식
힙합
색깔
하얀색
빨간색
파란색

무슨

Attached before a noun and means 'what kind of…, what sort of…'.
When we ask about the characteristics or the state of something, we use '어떤'.

- 이 단어가 무슨 뜻인지 잘 모르겠어요.
- 가: 요즘 무슨 책을 읽어요?
  나: 소설책을 읽어요.
- 가: 무슨 영화를 볼까요?
  나: 공포 영화를 봐요.

※가: 어떤 사람을 좋아해요?
  나: 똑똑하고 착한 사람을 좋아해요.

힙합[히팝]

연습 2 그림을 보고 다음과 같이 묻고 대답해 봅시다.

1. 가 : 무슨 색깔 옷을 샀어요?
   나 : 빨간 색 옷을 샀어요.

2. 가 : ____________을/를 좋아해요?
   나 : ________________________.

3. 가 : ____________을/를 읽어요?
   나 : ________________________.

4. 가 : ____________을/를 좋아해요?
   나 : ________________________.

5. 가 : ____________을/를 좋아해요?
   나 : ________________________.

6. 가 : 내일 10시에 ____________을/를 봐요?
   나 : ________________________.

시험
쓰기
듣기
읽기
동물

듣기[듣끼] 읽기[일끼]

준비 3 -고

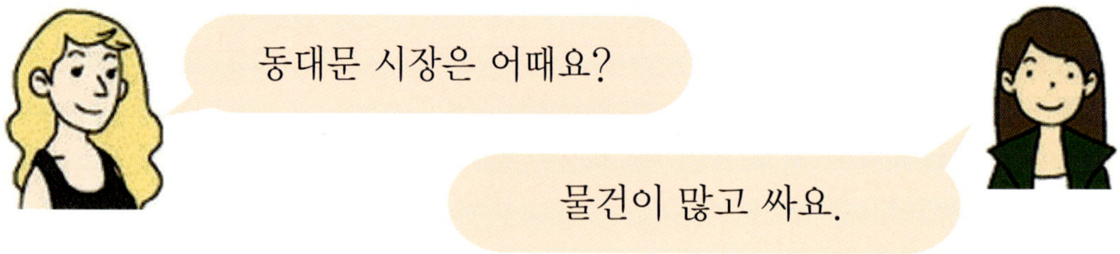

연습 1 다음과 같이 말해 봅시다.

이 교실은 깨끗하고 밝아요.

1. 이 교실 : 깨끗하다 / 밝다
2. 학생식당 : 크다 / 음식값이 싸다
3. 불고기 : 맵지 않다 / 맛있다
4. 마키 씨 : 예쁘다 / 친절하다
5. 우리 학교 : 나무가 많다 / 넓다
6. 서울 : 사람이 많다 / 교통이 복잡하다

-고
Attached after a verb or an adjective to connect two or more actions, states or facts.

- 일요일에는 집에서 청소도 하고 요리도 합니다.
- 이 가방은 예쁘고 값도 싸요.
- 저는 숙제를 하고 동생은 피아노를 쳐요.

밝다
값
맵다
넓다

깨끗하다[깨끄타다] 밝다[박따] 맛있다[마신따/마딛따] 넓다[널따]

연습 2 다음과 같이 묻고 대답해 봅시다.

가 : 학교에서 무엇을 해요?
나 : 학교에서 한국어를 공부하고 친구도 만나요.

1.

학교	
한국어 / 공부하다	친구 / 만나다

2.

도서관	
책 / 빌리다	공부 / 하다

3.

노래방	
노래 / 부르다	춤 / 추다

4.

주말	
토요일	일요일
친구 / 만나다	집 / 쉬다

5.

윤아 씨 가족	
윤아	언니
학생	회사원

6.

우리 반 친구	
장핑	카오루
중국 사람	일본 사람

연습 3 아래 표에 있는 질문에 대답을 쓴 후 친구와 같이 말하고 발표해 봅시다.
After answering the questions listed below, practice a conversation with a partner to present to the class.

	나	친구
무슨 음식을 좋아해요?	비빔밥	중국 음식
그 음식은 어때요?	조금 맵다 / 맛있다	
고향이 어디예요?		
고향은 어때요?		

저는 비빔밥을 좋아하고 친구는 중국 음식을 좋아해요.
비빔밥은 조금 맵고 맛있어요.

대화 22-1

장핑 마키 씨, 같이 밥 먹으러 갈까요?
마키 좋아요. 어디에 갈까요?
장핑 학교 앞 한식집에 가요. 거기 음식이 맛있어요.
마키 그래요. 거기 가요.
그 식당은 무슨 음식이 맛있어요?
장핑 불고기도 맛있고 냉면도 맛있어요.

- 확인해 봅시다.
  - 두 사람은 어디에 갑니까?
  - 학교 앞 한식집이 어떻습니까?

- 다음 표현을 사용해서 위와 같이 말해 봅시다.

밥 먹다	*학교 앞 한식집*	*음식이 맛있다*	*불고기 / 냉면*
커피를 마시다	학교 안 커피숍	커피가 맛있다	카푸치노 / 아이스 아메리카노
쇼핑하다	명동	가게가 많다	옷 가게 / 구두 가게

거기
냉면
카푸치노
아이스 아메리카노

맛있고[마신꼬/마딛꼬] 옷 가게[옫 까게]

활동

여름 방학입니다. 친구와 같이 여행 계획을 세워 봅시다.
It' s a summer vacation. Try making travel plans with a friend.

여행 계획	
언제 여행할까요?	
어디에 갈까요?	
무엇을 준비할까요?	
무엇을 탈까요?	
거기에서 무엇을 할까요?	
무슨 음식을 먹을까요?	

친구와 같이 세운 여행 계획을 쓰고 발표해 봅시다.
Write down these travel plans you had made with a friend and present them to the class.

우리는 ________부터 ________까지 여행할 거예요. ________에 갈 거예요.

________을/를 탈 거예요. ____________을/를 준비할 거예요. 거기에서 ____________고

___________(으)ㄹ 거예요. 거기에서 ____________을/를 먹을 거예요.

읽기

여러분은 경복궁과 삼청동에 가 본 적이 있어요? 경복궁과 삼청동이 어디에 있는지 어떤 곳인지 이야기해 봅시다.
Have you ever visited Gyeongbokgung or Samcheongdong? Have a conversation about where Gyeongbokgung and Samcheongdong are located and what kinds of places they are.

읽어 봅시다. 22-2

KMU 대화방

이리나 님이 12.05 18:00에 입장하셨습니다.

간토야 님이 12.05 18:02에 입장하셨습니다.

간토야
이리나 씨, 토요일에 바빠요?

이리나
아니요, 바쁘지 않아요.

간토야
그럼 같이 경복궁에 갈까요?

이리나
미안해요. 저는 지난 주말에 갔어요.

간토야
괜찮아요. 경복궁은 어땠어요?

이리나
문이 많고 예뻤어요.

간토야
그래요? 그럼 토요일에는 어디에 갈까요?

이리나
삼청동에 가요. 경복궁도 가깝고 한식집도 많아요.

간토야
좋아요. 거리도 구경하고 맛있는 것도 먹어요.
이리나 씨는 무슨 음식을 좋아해요?

이리나
삼계탕하고 삼겹살을 좋아해요.

간토야
저도 삼겹살을 좋아해요. 우리 몇 시에 만날까요?

이리나
1시에 만나요.

간토야
그럼 1시에 기숙사 정문 앞에서 만나요.

경복궁
삼청동
괜찮다
거리
삼겹살
정문

가. 읽고 이야기해 봅시다.

1. 두 사람은 토요일에 어디에 갈 거예요?
2. 두 사람은 몇 시에 어디에서 만날 거예요?

나. 읽고 맞으면 ○, 틀리면 ×를 하세요.

1. 이리나 씨는 토요일에 바쁩니다. ( )
2. 이리나 씨는 지난 주말에 경복궁에 갔습니다. ( )
3. 삼청동에는 식당이 많습니다. ( )

다. ______에 주의하면서 듣고 따라 해 봅시다. 22-3

1. 그럼 같이 경복궁에 갈까요?
2. 경복궁도 가깝고 한식집도 많아요.
3. 1시에 기숙사 정문 앞에서 만나요.

라. 읽은 내용을 요약해 봅시다.
Write down the summary of what you read.

이리나 씨는 지난 주말에 ____________________. 경복궁은 ____________________. 이리나 씨와 간토야 씨는 이번 토요일에 ________________. 삼청동에서 ________________. 두 사람은 토요일 1시에 ____________________.

토요일에 친구와 같이 어디에 가고 싶어요? 친구와 같이 어디에 갈지 언제 만날지 약속을 정해 봅시다.
Do you want to go somewhere with a friend on Saturday? Try making plans about where you are going with your friend and when the two of you will meet.

23과 불고기는 맵지 않은 음식이에요

준비 1 ㅂ 불규칙

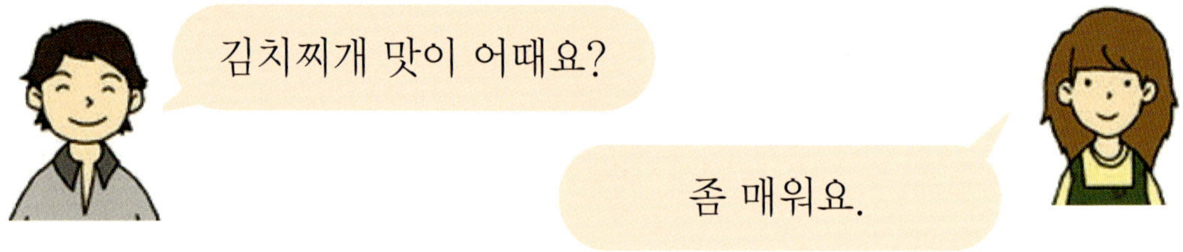

연습 1 다음과 같이 말해 봅시다.

김치가 매워요.

1. 김치가 맵다
2. 날씨가 덥다
3. 한국말이 어렵다
4. 시험이 쉽다
5. 친구가 고맙다
6. 경치가 아름답다
7. 아이가 귀엽다

ㅂ 불규칙

If the stem of a verb or an adjective ends with 'ㅂ', the form of 'ㅂ' changes to '오' or '우' when combined with a vowel. This is called ㅂ irregular.

Except for '돕다(to help)' and '곱다 (to be soft)', the 'ㅂ' in a stem changes to '우'. In case of '돕다' and '곱다', if the combining suffix is '아/어', 'ㅂ' changes to '오'. If the combining suffix is '으', 'ㅂ' changes to '우'.

Among the verbs and adjectives ending in 'ㅂ', '잡다', '입다', '좁다' are regular ones, so they don't change the form of 'ㅂ'.

- 오늘은 날씨가 더워요.
- 한복이 참 고와요.
- 저는 매운 음식을 좋아해요.
- 제가 도울까요?

※ 무슨 옷을 입을 거예요?

맛
김치찌개
덥다
어렵다
쉽다
고맙다
아름답다
귀엽다

연습 2 그림을 보고 다음과 같이 묻고 대답해 봅시다.

> **가** : 누구 운동화가 더러워요?
> **나** : 지훈 씨 운동화가 더러워요.

1. 누구 운동화가 더러워요?

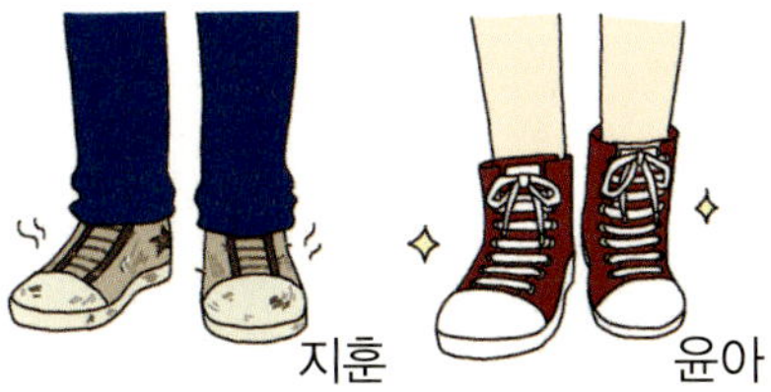

2. 어디가 더워요?

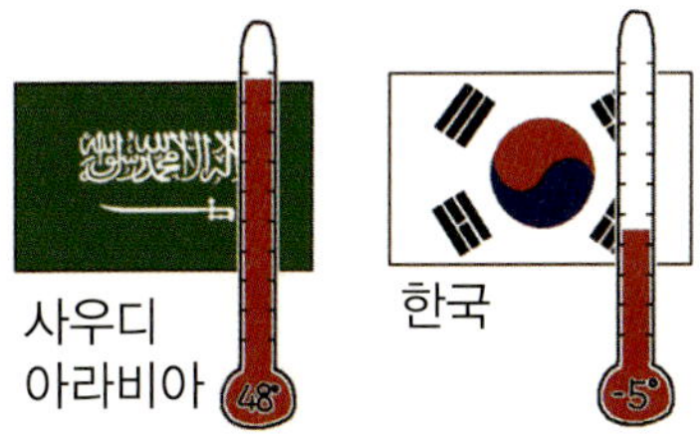

3. 어디가 추워요?

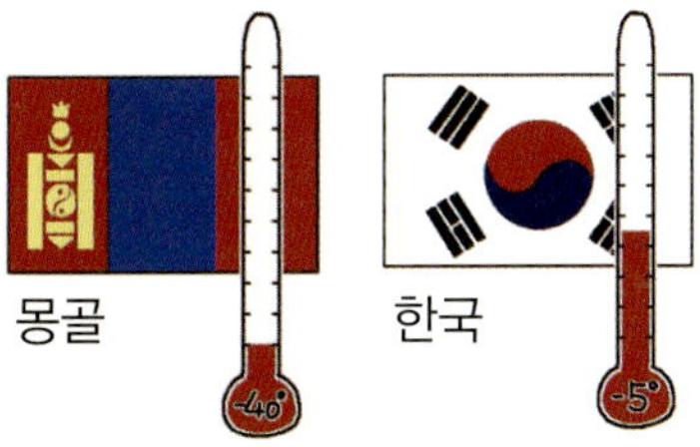

4. 어느 음식이 매워요?

5. 무슨 시험이 어려워요?

6. 누구 집이 학교에서 가까워요?

연습 3 다음과 같이 묻고 대답해 봅시다.

> **가** : 집이 가까워요?
> **나** : 네, 가까워요.
> / 아니요, 가깝지 않아요.

1. 집이 가깝다
2. 날씨가 춥다
3. 한국어가 쉽다
4. 교실이 더럽다
5. 고향 음식이 맵다
6. 시험이 어렵다

더럽다
춥다
떡볶이
가깝다

준비 2 -(으)ㄴ

투이 씨는 어떤 사람을 좋아해요?

친절한 사람을 좋아해요.

연습 1 다음과 같이 말해 봅시다.

시원한 주스

1. 시원하다 / 주스
2. 예쁘다 / 옷
3. 깨끗하다 / 교실
4. 작다 / 방
5. 넓다 / 운동장
6. 뜨겁다 / 커피
7. 재미있다 / 영화

-(으)ㄴ

Attached after the stem of an adjective to modify the following noun and expresses the property or state of the noun. If the stem of an adjective ends with a vowel or 'ㄹ', '-ㄴ' should be combined with the stem, but if the adjective ends with a consonant, '-은' should be attached. For the adjectives ending with '있다', '없다' like '재미있다', '재미없다', '-는' should be attached.

- 이 가게에는 예쁜 옷이 많아요.
- 저는 매운 음식을 좋아해요.
- 작은 책상이 하나 필요해요.
- 재미있는 영화를 보고 싶어요.

시원하다
뜨겁다

작습니다[작씀니다] 넓습니다[널씀니다] 뜨겁습니다[뜨겁씀니다]

연습 2 아래에서 형용사를 골라 질문에 답해 봅시다.
Choose the adjectives from the list below and prepare to answer the questions.

시다✓	넓다	착하다	재미있다
똑똑하다	맵다	창문이 크다	무섭다

1. 가 : 어떤 과일을 좋아해요?
   나 : 신 과일을 좋아해요.
2. 가 : 어떤 친구를 좋아해요?
   나 : ____________________.
3. 가 : 어떤 교실에서 공부해요?
   나 : ____________________.
4. 가 : 어떤 음식을 좋아해요?
   나 : ____________________.
5. 가 : 어떤 집을 좋아해요?
   나 : ____________________.
6. 가 : 어떤 영화를 봤어요?
   나 : ____________________.

연습 3 다음과 같이 묻고 대답해 봅시다.

> 가 : 어떤 가방을 좋아해요?
> 나 : 예쁘고 가벼운 가방을 좋아해요.

가 방	음 식	선생님
커피숍	사 람	

시다
착하다
똑똑하다
무섭다
가볍다

착하다[차카다] 똑똑하다[똑또카다]

대화 23-1

장핑 이 식당 음식이 맛있어요. 그래서 자주 와요.
마키 순두부찌개가 뭐예요? 매운 음식이에요?
장핑 네, 조금 매운 음식이에요.
마키 불고기는 맛이 어때요? 매워요?
장핑 아니요, 불고기는 맵지 않은 음식이에요. 달아요.
마키 장핑 씨는 불고기를 좋아하세요?
장핑 네, 아주 좋아해요.

확인해 봅시다.

- 장핑 씨는 무슨 음식을 좋아합니까?
- 불고기는 맛이 어떻습니까?

다음 표현을 사용해서 위와 같이 말해 봅시다.

1. 한식집	*순두부찌개 / 맵다*	*불고기 / 달다*
2. 중국집	짬뽕 / 맵다	짜장면 / 달다
3. 일식집	회덮밥 / 맵다	튀김 / 맛있다
4. 분식집	떡볶이 / 맵다	김밥 / 맛있다

순두부찌개
조금
달다
짬뽕
짜장면
회덮밥
튀김

활동

- 오늘 점심에 무엇을 먹을까요? 메뉴판을 보고 친구와 말해 봅시다.
What shall we eat for lunch today? Look at the menu and discuss this with a partner.

가 : 무슨 음식을 좋아해요?
나 : 한국 음식을 좋아해요.
가 : 그럼 한식집에 갈까요?
나 : 네, 좋아요.
가 : 무슨 음식을 먹을까요?
나 : 냉면하고 불고기를 먹어요.
가 : 냉면은 맛이 어때요?
나 : 조금 매워요.

- 메뉴판에 여러분 나라의 음식 이름을 쓰고 친구들과 말해 봅시다. 메뉴판을 3~4개 모아 놓고 위와 같이 말해 봅시다.
Write down dishes from your native country on the menu and talk to a partner about them. Gather 3-4 menus together and have a conversation, following the example above.

읽기

여러분은 식당에 자주 가요? 어떤 식당에 가요?
Do you eat out at restaurants often? What kinds of restaurants do you go to often?

읽어 봅시다. 23-2

저는 한국 음식을 좋아해요. 삼계탕과 갈비찜, 그리고 시원한 냉면을 좋아해요. 한국 사람들은 아주 더운 날씨에 뜨거운 삼계탕을 먹어요. 삼계탕은 닭고기로 만들어요. 인삼을 넣어요. 제 친구는 불고기하고 매운 떡볶이를 좋아해요. 우리는 한국 음식을 먹으러 삼청동에 자주 가요. 거기에는 맛있는 한식집이 많고 카페도 많아요. 오늘은 시원한 아이스커피를 마시러 예쁜 카페에 갈 거예요.

가. 읽고 이야기해 봅시다.

1. 이 사람은 무슨 음식을 좋아해요?
2. 이 사람과 친구는 한국 음식을 먹으러 어디에 자주 가요?
3. 한국 사람들은 여름에 무슨 음식을 먹어요?

나. 윗글을 읽고 맞으면 ○, 틀리면 ×를 하세요.

1. 저는 냉면하고 불고기를 좋아합니다. ( )
2. 삼계탕은 뜨거운 음식입니다. ( )
3. 한국 사람들은 여름에 시원한 음식만 먹습니다. ( )

갈비찜
닭고기
인삼
카페

다. ______에 주의하면서 듣고 따라 해 봅시다. 23-3

1. 저는 한국 음식을 좋아해요.
2. 제 친구는 불고기하고 매운 떡볶이를 좋아해요.
3. 거기에는 맛있는 한식집이 많고 카페도 많아요.

라. 읽은 내용을 대화로 만들어 봅시다.

가 : 한국 사람들은 더운 날씨에 무슨 음식을 먹어요?
나 : ______________________________.
가 : 삼계탕은 무슨 고기로 만들어요?
나 : ______________________________.
가 : ______________________________?
나 : 삼청동에 자주 가요.
가 : 삼청동은 어때요?
나 : ______________________________.

여러분 나라에서 아주 더운 날씨, 아주 추운 날씨에 먹는 음식이 있어요? 친구와 같이 말해 봅시다.
In your country, are there certain foods that you eat when the weather is very hot, or when it' s very cold? Practice having this conversation with a partner.

24과 전 냉면을 먹고 싶어요

준비 1 -고 싶다

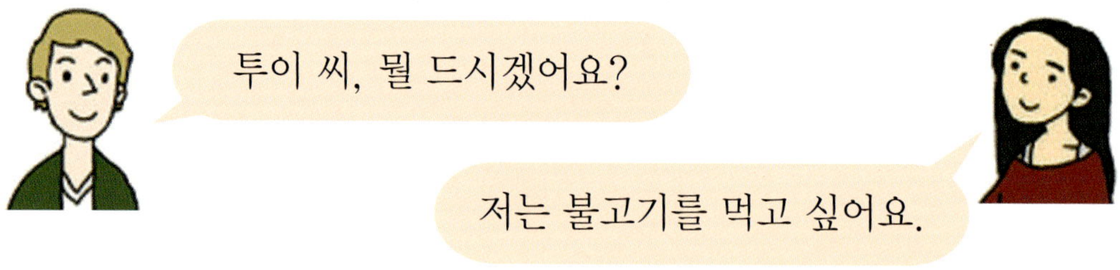

연습 1 다음과 같이 말해 봅시다.

영화를 보고 싶어요.

1. 영화를 보다
2. 고향에 가다
3. 물을 마시다
4. 갈비탕을 먹다
5. 선물을 받다
6. 좋은 집에서 살다

-고 싶다

Attached after the stem of a verb to express that the speaker desires to perform some action. After a third person subject, '-고 싶어 하다' is used.

- 저는 방학에 제주도 여행을 하고 싶어요.
- 제 동생은 뉴욕에 가고 싶어 해요.

갈비탕

연습 2 그림을 보고 다음과 같이 묻고 대답해 봅시다.

> 가 : 배가 고파요?
> 나 : 네, 밥을 먹고 싶어요.

1. 배가 고프다　　2. 덥다　　3. 피곤하다
4. 다리가 아프다　　5. 심심하다　　6. 어머니 사진을 보다

연습 3 주말이나 방학에 무엇을 하고 싶어요? 친구와 말해 봅시다.
What do you want to do on weekends or over break? Have a conversation about this with a partner.

> 가 : _____ 씨는 주말에 뭘 하고 싶어요?
> 나 : 저는 영화를 보고 싶어요.
> 가 : 무슨 영화를 보고 싶어요?
> 나 : 한국 영화를 보고 싶어요. _____ 씨는요?
> 가 : 저는 쇼핑을 하고 싶어요.
> 나 : 무엇을 사고 싶어요?
> 가 : 구두를 사고 싶어요.

영화	코미디 영화	공포 영화	한국 영화
여행	제주도	하와이	파리
등산	북한산	한라산	설악산
쇼핑	옷	구두	모자

나	친구 1	친구 2
영화를 보고 싶어요.	쇼핑을 하고 싶어 해요.	

배가 고프다
다리
아프다
심심하다
제주도
하와이
파리
북한산
한라산
설악산
모자

북한산[부칸산]　한라산[할라산]　설악산[서락싼]　공포 영화

준비 2 -(으)세요, -지 마세요

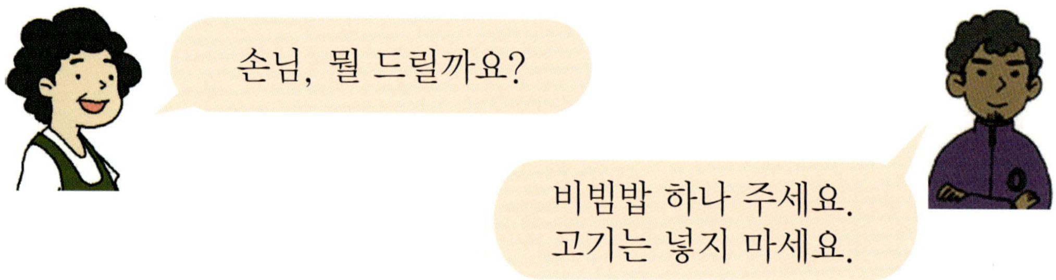

연습 1 다음과 같이 말해 봅시다.

보세요.

1. 보다
2. 쓰다
3. 읽다
4. 닫다
5. 숙제하다
6. 먹다

-(으)세요, -지 마세요

'V(으)세요' expresses the meaning of a command or a proposal when attached after the stem of a verb. If the last syllable of the verb ends with a vowel or 'ㄹ', '-세요' is used, but if the last syllable ends with a consonant other than 'ㄹ', '-으세요' is attached. The negative form of 'V(으)세요' is 'V지 마세요', which expresses prohibition of an action.

- 여행을 가서 사진을 많이 찍으세요.
- 도서관에서는 조용히 하세요. 큰 소리로 말하지 마세요.
- 영화가 3시에 시작하니까 빨리 오세요. 늦지 마세요.

손님
넣다
닫다

넣지[너치]

연습 2 그림을 보고 다음과 같이 말해 봅시다.

> 먹지 마세요.

1. 먹다

2. 지각하다

3. 이야기하다

4. 만지다

5. 담배를 피우다

6. 사진을 찍다

연습 3 다음과 같이 말해 봅시다.

1. 마키 씨는 매운 음식을 싫어합니다.

비빔밥 한 그릇 주세요. 고추장은 넣지 마세요.

2. 윤아 씨는 계란을 안 먹습니다.

비빔밥 한 그릇 __________. ________________.

3. 압둘라 씨는 돼지고기를 안 먹습니다.

김치찌개 1인분 __________. ________________.

4. 장핑 씨는 설탕을 싫어합니다.

커피 한 잔 __________. ________________.

5. 의사 선생님께서 말씀하십니다.

약을 __________. 커피는 ________________.

6. 내일 시험이 있습니다. 선생님께서 말씀하십니다.

학교에 9시까지 __________. ________________.

지각하다
만지다
싫어하다
고추장
계란
설탕
약

먹지 마세요[먹찌 마세요] 지각하다[지가카다] 싫어합니다[시러함니다]

대화 24-1

장핑	마키 씨, 뭘 시킬까요?
마키	저는 불고기를 먹고 싶어요.
장핑	그래요? 전 냉면을 먹고 싶어요. 여기요.
종업원	손님, 뭘 드시겠어요?
장핑	불고기 2인분하고 냉면 한 그릇 주세요. 물도 주세요.
종업원	네, 알겠습니다.

확인해 봅시다.

- 마키 씨는 무슨 음식을 먹고 싶어 합니까?
- 장핑 씨는 무슨 음식을 주문했습니까?

다음 표현을 사용해서 위와 같이 대화를 만들어 봅시다.

불고기	*냉면*	*불고기 2인분, 냉면 한 그릇*
짜장면	짬뽕	짜장면 한 그릇, 짬뽕 한 그릇
김치찌개	비빔밥	김치찌개 1인분, 비빔밥 한 그릇
삼겹살	냉면	삼겹살 2인분, 냉면 한 그릇

시키다
종업원
인분
그릇
주문하다

활동

- 교실에 작은 식당을 만드세요. 세 사람이 한 팀으로 종업원과 손님이 되어 음식 주문을 해 봅시다. 어떤 팀이 주문을 가장 잘 합니까?
  Make a small restaurant in the classroom. In groups of three, students should pretend to be a server and the customers, who will enact a scene, ordering a meal. Which of the groups did the best in the class?

듣기

여러분은 집에서 요리를 해요? 요리법을 어디에서 배워요? 이야기해 봅시다.
Do you cook at home? Where do you find your recipes? Discuss this.

들어 봅시다. 24-2

가. 듣고 이야기해 봅시다.

1. 장핑 씨는 한국에 무엇을 하러 왔어요?
2. 장핑 씨 블로그에는 무엇이 있어요?

나. 다시 한번 듣고 맞으면 ○, 틀리면 ×를 하세요.

1. 장핑 씨는 식당 사진을 찍습니다. (　　)
2. 장핑 씨는 식당에서 요리합니다. (　　)
3. 장핑 씨는 인터넷 블로그에 요리법을 씁니다. (　　)

다. 듣고 써 봅시다. 24-3

1. 저는 ______________________ 식당에도 자주 갑니다.
2. 저는 한국에 ______________________________.
3. ____.

인터넷
블로그
요리법
요리책

비빔밥을 만들어 봅시다. 친구에게 다음과 같이 말해 봅시다.
Let' s make *bibimbap*. Following the example below, practice talking through this with a friend.

비빔밥을 먹고 싶어요. 저는 당근을 좋아해요. 당근을 많이 넣으세요.
매운 고추장은 싫어해요. 많이 넣지 마세요.

25과 이 식당은 음식은 맛있지만 좀 불친절해요

준비 1 –지만

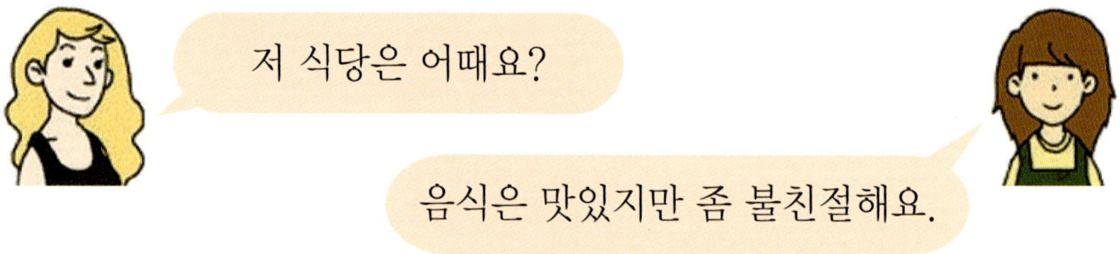

연습 1 위와 같이 말해 봅시다.

그 영화는 무섭지만 재미있어요.

1. 그 영화: 무섭다 / 재미있다
2. 이 옷: 예쁘다 / 불편하다
3. 이 가방: 크다 / 가볍다
4. 한국어: 재미있다 / 어렵다
5. 교실: 깨끗하다 / 좁다
6. 저 식당: 음식은 맛있다 / 좀 불친절하다

–지만

Attached after the stem of a verb or an adjective to express that there is a contrastive or opposite relationship between the facts mentioned before and after. It can be attached after suffixes denoting tense such as '-았/었-' or '-겠-'. There are cases when '-지만' is used in idiomatic expressions like '실례지만' and '죄송하지만'.

- 김치는 맵지만 맛있어요.
- 비가 오지만 학교에 갔어요.
- 이 옷이 조금 비쌌지만 예뻐서 샀어요.
- 작고 불편하겠지만 학교가 가까우니까 기숙사에서 살게요.
- 실례지만 여기 화장실이 어디에 있어요?

불친절하다
불편하다
좁다

맛있지만[마신찌만]

연습 2 다음과 같이 묻고 대답해 봅시다.

1. **가 :** 한국 음식이 어때요?(맵다 / 맛있다)
   나 : 맵지만 맛있어요.
2. **가 :** 오늘 날씨가 어때요?(바람이 불다 / 춥지 않다)
   나 : ______________________.
3. **가 :** 주말에도 바빠요?(평일에는 바쁘다 / 주말에는 바쁘지 않다)
   나 : ______________________.
4. **가 :** 추워요?(옷을 많이 입었다 / 춥다)
   나 : 네, ______________________.
5. **가 :** 동생도 키가 커요?(저는 크다 / __________)
   나 : 아니요, ______________________.
6. **가 :** 언니가 학생이에요?(저는 학생이다 / __________)
   나 : 아니요, ______________________.

연습 3 한국과 여러분 나라, 그리고 친구의 나라를 비교하여 말해 봅시다.

> 한국 음식은 맵지만 일본 음식은 안 매워요.
> 한국에서는 젓가락을 사용하지만 미국에서는 포크를 사용해요.

	음식	문화
한국		
우리나라 (　　　)		
친구의 나라 (　　　)		

사용하다
바람
불다
평일
젓가락
포크
문화

맵지만[맵찌만] 젓가락[젇까락]

준비 2 ㄹ 탈락 동사/형용사

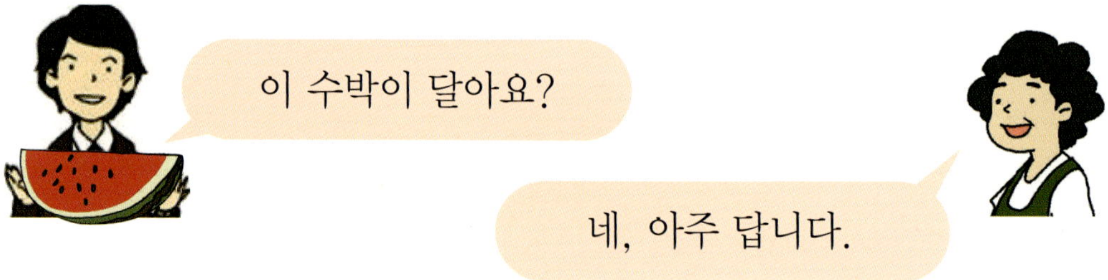

연습 1 다음과 같이 말해 봅시다.

사탕이 답니다.

1. 사탕이 달다
2. 집이 멀다
3. 바람이 불다
4. 창문을 열다
5. 사과를 팔다
6. 고향 음식을 만들다

ㄹ 탈락 동사/형용사

If the stem of a verb or an adjective ends with 'ㄹ', this 'ㄹ' is deleted when immediately preceding a suffix that begins with 'ㄴ', 'ㅂ', 'ㅅ' or 'ㄹ'.

- 창문을 여세요.
- 단 음식을 너무 많이 먹지 마세요.
- 고향이 멀어요? 네, 멉니다.
- 오후에 친구하고 같이 놀 거예요.

수박

답니다[답니다]

연습 2 다음과 같이 말해 봅시다.

1. 어제 __긴__ 치마를 샀어요. (길다)
2. 저는 ____ 음식을 안 좋아해요. (달다)
3. 더워요. 창문을 ________(으)세요. (열다)
4. 어디에 ________(스)ㅂ니까? (살다)
5. 질문이 있어요? 손을 ________(으)세요. (들다)
6. 집이 ______(스)ㅂ니까? (멀다)

연습 3 그림을 보고 친구와 말해 봅시다.

1.

가 : 날씨가 어때요?
나 : __바람이 붑니다__.

2.

가 : 무엇을 만들어요?
나 : ______________________.

3.

가 : 어디에 살아요?
나 : ______________________.

4.

가 : 선생님 이름을 알아요?
나 : 네, ______________________.

5.

가 : 아이가 무엇을 해요?
나 : 친구하고 ______________________.

치마
질문
들다
알다

대화 25-1

장핑 마키 씨, 맛있게 드셨어요?
마키 네, 맛있었어요. 그런데 아주머니가 좀 불친절하네요.
장핑 맞아요. 이 식당은 음식은 맛있지만 좀 불친절해요.
마키 다음에는 음식도 맛있고 아주머니도 친절한 식당에 가요.
장핑 그럼 우리 집에 오세요. 제가 요리를 잘해요.

확인해 봅시다.

- 식당이 어땠습니까?
- 장핑 씨는 무엇을 잘합니까?

다음 표현을 사용해서 위와 같이 대화를 만들어 봅시다.

아주머니가 불친절하다	*친절하다*
식당이 깨끗하지 않다	깨끗하다
음식 값이 비싸다	싸다
식당이 좁다	넓다

맞다

활동

한국과 여러분 나라는 무엇이 다릅니까? 서울과 친구의 고향은 무엇이 다릅니까? 친구와 다음과 같이 말해 봅시다. 그리고 발표해 봅시다.
What are some of the differences between Korea and your native countries? What are some of the differences between Seoul and your friend' s hometowns? Following the example below, have a conversation about this with a partner. Then present your conversation to the class.

투 이 : 서울은 아침에 교통이 복잡해요.
이리나 씨 고향은 어때요?
이리나 : 제 고향은 복잡하지 않아요.

서울은 아침에 교통이 복잡하지만 이라나 씨 고향은 복잡하지 않아요.

주제	한국(서울)	내 고향	____ 씨 고향
교통 산 음식 사람 시장 대학교	복잡해요		복잡하지 않아요

읽기

한국 친구 집에서 식사한 적이 있어요? 한국 사람들은 식사 전에 무슨 말을 해요? 이야기해 봅시다.
Have you ever had a meal in the home of a Korean friend? What do Koreans say before they begin their meal? Discuss this.

읽어 봅시다. 25-2

어제 저는 한국 친구 집에 갔습니다. 친구가 저를 저녁 식사에 초대했습니다. 친구 어머니께서 음식을 많이 준비하셨습니다. 친구 어머니께서는 이렇게 말씀하셨습니다. "많이 드세요." 그래서 저는 말했습니다. "잘 먹겠습니다."

저는 먼저 미역국을 먹었습니다. 다른 맛있는 음식들을 먹고 싶었지만 미역국부터 먹었습니다. 친구가 물었습니다. "제프리 씨, 왜 미역국만 먹어요?" 저는 대답했습니다. "미국에서는 수프를 먼저 먹어요." 모두 웃었습니다.

친구 어머니께서 말씀하셨습니다. "한국에서는 밥하고 국하고 반찬을 같이 먹어요." 오늘 한국 문화를 조금 알았습니다. 재미있었습니다.

가. 읽고 이야기해 봅시다.

1. 이 사람은 왜 친구 집에 갔습니까?
2. 이 사람은 왜 먼저 미역국만 먹었습니까?

나. 윗글을 읽고 맞으면 O, 틀리면 X를 하세요.

1. 친구 어머니께서는 음식을 조금 준비하셨습니다. (　　)
2. 제프리 씨는 미역국만 좋아합니다. (　　)
3. 미국에서는 수프를 먼저 먹습니다. (　　)

식사하다
초대하다
이상하다
미역국
수프
대답하다
웃다
반찬

다. ______에 주의하면서 듣고 따라 해 봅시다. 25-3

1. 미국에서는 수프를 먼저 먹어요.
2. 다른 맛있는 음식들을 먹고 싶었지만 미역국부터 먹었습니다.

라. 읽은 내용으로 빈칸을 채워 봅시다.

제프리 씨는 어제 ______________________. 친구 어머니께서 ______________. 제프리 씨는 먼저 ______________. 다른 음식을 ______________________________. 미국에서는 ______________. 친구 어머니께서 한국 문화를 가르쳐 주셨습니다. 한국에서는 ______________________.

한국의 음식 문화를 몰라서 실수한 적이 있어요? 말해 봅시다.
Have you ever made a mistake because there was something you didn' t understand about Korean culture? Discuss this.

memo

문화 Culture

"여기 반찬 좀 더 주세요."
"May I please get a refill on side dishes?"

A typical Korean meal consists of steamed rice, soup, kimchi, and other side dishes. Rice by itself may taste bland, so it goes well with a variety of side dishes that each has its own unique flavor. When ordering food at a Korean restaurant, your order will be accompanied by several side dishes. The cost of the side dishes, and their refills, is already included in your meal. So, if there is a tasty side dish that you would like more of, don' t hesitate to ask. "여기 반찬 좀 더 주세요." *"May I please have some more of this side dish?"*

● 해 봅시다.

- 친구가 식당 종업원이라고 생각하고 반찬 좀 더 달라고 말해 봅시다. 물도 달라고 말해 봅시다.
  Practice a conversation in which your friend acts as a server in a restaurant. Ask for more side dishes, and also ask for more water.

날씨와 계절

사진 제공 : 국민대학교 홍보팀, 클립아트코리아

학습 목표 : 계절의 특성을 표현하고 날씨에 대해 말할 수 있다.

26과 제주도는 서울보다 따뜻해요

준비 1 보다

제주도는 날씨가 어때요?

제주도는 서울보다 따뜻해요.

연습 1 다음과 같이 말해 봅시다.

제주도가 서울보다 따뜻해요.

1. 제주도 〉 서울 / 따뜻하다
2. 러시아 〉 일본 / 춥다
3. 사우디아라비아 〉 베트남 / 덥다
4. 부산 〈 경주 / 맑다
5. 지난주 〈 이번 주 / 시원하다
6. 어제 〈 오늘 / 흐리다

보다

Attached after a noun, it is used for comparing differences. The noun attached with '보다' is that which is being compared. '보다' is often used with the word '더(more)'.

• 올해가 작년보다 더 추워요. • 말하기가 듣기보다 어려워요. • 형보다 내가 더 많이 먹어요.

따뜻하다
맑다
이번 주
흐리다

따뜻해요[따뜨태요] 맑아요[말가요] 이번 주[이번 쭈]

연습 2 그림을 보고 다음과 같이 묻고 대답해 봅시다.

1. 

압둘라 마키

가 : 누가 더 커요?

나 : 압둘라 씨가 마키 씨보다 커요.

2. 

커피 주스

가 : 무엇이 더 많아요?

나 : ______________________.

3. 

지훈 씨 집 윤아 씨 집

가 : 누구 집이 더 작아요?

나 : ______________________.

4. 

700원 1,000원

가 : 무엇이 더 비싸요?

나 : ______________________.

5. 

유리 미나

가 : 누구 머리가 더 짧아요?

나 : ______________________.

연습 3 한국 생활에 대해서 친구와 묻고 대답해 봅시다.
Have a conversation with a friend, asking each other questions about living in Korea and answering them.

언제 더 바빠요?	☑ 평일	☐ 주말
어디에 사람이 많아요?	☐ 동대문시장	☐ 명동
뭐가 더 매워요?	☐ 김치찌개	☐ 라면
뭐가 더 어려워요?	☐ 말하기	☐ 쓰기
누구하고 더 자주 전화해요?	☐ 부모님	☐ 남자(여자) 친구

더 말하기

짧아요[짤바요]

준비 2 –겠–[2]

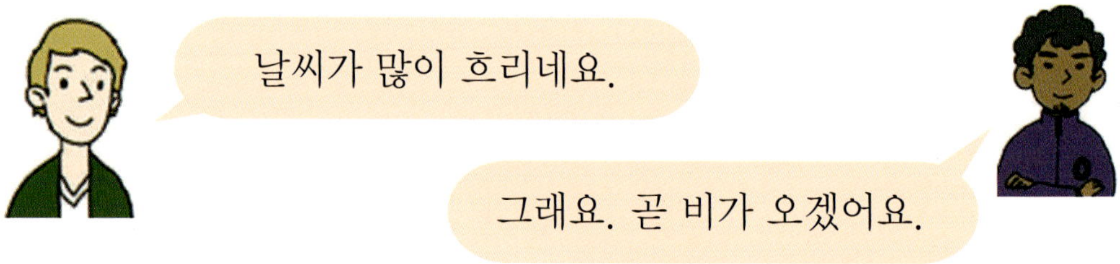

연습 1 다음과 같이 말해 봅시다.

> 가 : 이 불고기 좀 드세요.
> 나 : 맛있겠어요.

1.  이 불고기 좀 드세요. / 맛있다
2.  남자 친구한테서 편지를 받았어요. / 기분이 좋다
3.  지난 일요일에 기숙사 청소를 했어요. / 기숙사가 깨끗하다
4.  주말부터 백화점에서 세일을 해요. / 주말에 사람이 많다
5.  아침, 점심, 저녁 모두 안 먹었어요. / 배가 고프다

–겠–[2]

Attached after the stem of a verb or an adjective. This suffix is used when the subject guesses or presupposes certain situation or states. It is common that the clue of the guess is accompanied. When the guess or presupposition is about a past event, '-았/었/였-' should be used together with '-겠-' and the form becomes '-았겠/었겠/였겠-'.

- 가 : 하늘이 흐려요
  나 : 곧 비가 오겠어요.
- 가 : 작년에 미국 여행을 했어요.
  나 : 재미있었겠어요.
- 가 : 5시간 동안 청소를 했어요.
  나 : 피곤하겠어요.

연습 2 친구의 말을 듣고 어울리는 대답을 찾아서 다음과 같이 이야기해 봅시다.
After listening to your partner, find an appropriate response and have a conversation, following the example below.

> 가 : 이 떡볶이 좀 드세요.
> 나 : 맵겠어요.

이 떡볶이 좀 드세요.

제가 김밥을 만들었어요.

어제 3시간 잤어요.

친구가 오늘도 약속 시간에 늦게 왔어요.

남자 친구가 한국에 왔어요.

제 방에 창문이 많아요.

맛있다	시원하다	춥다	✓맵다
기분이 나쁘다	행복하다	바쁘다	피곤하다

연습 3 기상 캐스터가 되어 이번 주 날씨가 어떨지 일기예보를 해 봅시다.
Let's be a weather forecaster and predict what the weather will be like this week.

오늘

> 오늘은 날씨가 맑습니다. 내일 오전까지 날씨가 맑겠습니다.
> 하지만 ……

시간
기분
행복하다

행복해요[행보캐요] 약속 [약쏙]

대화 26-1

압둘라 오늘 정말 춥네요.

이리나 러시아는 더 추워요.

압둘라 그래요? 러시아가 한국보다 더 추워요?

이리나 네. 보통 겨울 기온이 영하 40도예요.

압둘라 춥겠어요.

이리나 사우디아라비아는 어때요?

압둘라 한국보다 따뜻해요.

● 확인해 봅시다.

- 오늘 날씨가 어때요?
- 이리나 씨는 왜 춥지 않아요?

● 다음 표현을 사용해서 위와 같이 대화를 만들어 봅시다.

춥다	러시아	겨울 기온 / 영하 40도	사우디아라비아	따뜻하다
덥다	베트남	여름 기온 / 30도	몽골	시원하다
쌀쌀하다	몽골	가을 기온 / 3도	베트남	따뜻하다

겨울
보통
기온
영하
도
쌀쌀하다
여름
가을

춥네요[춤네요] 춥겠어요[춥껟 써요 / 춥께써요]

활동

한국 날씨와 다른 나라 날씨를 비교해서 이야기해 봅시다.
Compare the weather in Korea with the weather in a different country and have a conversation about this.

〈한국에 있는 친구 A〉

어제 날씨 : 맑다, 30도

오늘 날씨 : 덥다, 35도

〈중국에 돌아간 친구 B〉

어제 날씨 : 맑다, 25도

오늘 날씨 : 덥다, 30도

〈한국에 있는 친구 A〉

어제 날씨 : 눈, 영하 1도

오늘 날씨 : 춥다, 1도

〈베트남에 돌아간 친구 B〉

어제 날씨 : 비, 28도

오늘 날씨 : 덥다, 32도

A : 여보세요?
B : 여보세요? 누구세요?
A : ○○ 씨, 저 ○○이에요.
B : 아, ○○ 씨 반가워요. 잘 지냈어요?
A : 네, 잘 지냈어요. 중국은 날씨가 어때요?
B : 오늘 날씨가 어제보다 ______________________.
한국은 어때요?
A : 오늘 날씨가 ______________________.
오늘은 _____도예요.
B : 여기는 _____도예요. 정말 _____겠어요.

방법

(1) 한국에 있는 친구 A와 고향에 돌아간 친구 B로 역할을 나눈다.
(2) A는 한국 날씨, B는 고향 날씨에 대한 내용의 카드를 가진다.
(3) 제시된 카드의 내용을 숙지한다.
(4) 통화하는 상황을 가정하여 카드의 내용을 바탕으로 날씨에 대해 묻고 대답한다.

읽기

● 오늘 날씨가 어때요? 여러분은 어떤 날씨를 좋아해요?
How is the weather today? What kind of weather do you prefer?

● 읽어 봅시다. 26-2

투이의 일기

12월 29일 월요일, 날씨 :

오늘은 아침부터 눈이 왔어요. 제 고향 베트남에는 눈이 오지 않아요. 그래서 한국에서 눈을 처음 봤어요. 수업이 끝나고 우리 반 학생들과 같이 운동장으로 나갔어요. 운동장에서 사진을 많이 찍었어요. 우리는 눈사람도 만들었어요. 좀 춥고 힘들었지만 아주 재미있었어요.

저녁에는 오후보다 눈이 더 많이 왔어요. 학생 식당에서 저녁을 먹고 기숙사에서 고향 친구하고 채팅을 했어요. 그 친구도 눈을 보고 싶어 해요. 그래서 고향 친구에게 눈 사진을 보냈어요.

이번 주말에는 스키를 타러 갈 거예요. 주말에는 스키장에 사람이 많겠지만 재미있을 거예요. 고향 친구에게 스키장 사진도 보낼 거예요. 고향 친구가 스키장에 가고 싶어 하겠네요.

가. 읽고 이야기해 봅시다.

1. 오늘 날씨가 어땠어요?
2. 투이 씨는 수업이 끝나고 뭐 했어요?
3. 투이 씨는 이번 주말에 무엇을 할 거예요?

나. 윗글을 읽고 맞으면 ○, 틀리면 ×를 하세요.

1. 오늘은 저녁에도 눈이 왔어요. (　　　)
2. 투이 씨는 오늘 눈사람을 처음 만들었어요. (　　　)
3. 이번 주말에 고향 친구하고 같이 스키장에 갈 거예요. (　　　)

일기
끝나다
힘들다
채팅
보내다
스키
스키장

다. ______에 주의하면서 듣고 따라 해 봅시다. 26-3

1. 수업이 끝나고 우리 반 학생들과 같이 운동장으로 나갔어요.
2. 주말에는 스키장에 사람이 많겠지만 재미있을 거예요.

라. 읽은 내용을 대화로 만들어 봅시다.

투이 : 오늘 처음 눈을 봤어요.

고향 친구 : 그래요? 좋았겠어요. 그래서 뭘 했어요?

투이 : 수업이 끝나고 ______________________.

______________________.

고향 친구 : ______________겠어요. 주말에는 뭘 할 거예요?

투이 : ______________________.

______________________.

고향 친구 : 저도 스키장에 가고 싶어요.

일기예보에서 이번 주말 날씨를 찾아보고 주말 계획을 세워 보세요.
Consult the weather forecast for this weekend and make plans accordingly.

27과 장마가 끝나고 더워졌어요

준비 1 -아/어/여지다

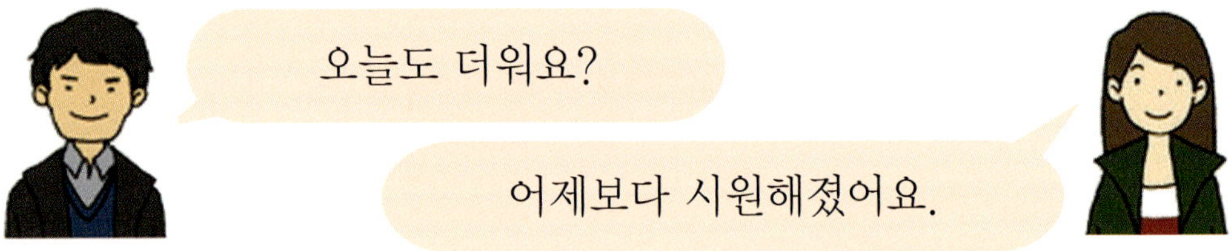

연습 1 다음과 같이 말해 봅시다.

날씨가 맑아졌어요.

1. 날씨 / 맑다
2. 날씨 / 흐리다
3. 날씨 / 따뜻하다
4. 날씨 / 춥다
5. 윤아 씨 / 예쁘다
6. 건강 / 나쁘다

-아/어/여지다

Attached after an adjective to express that the state discussed is gradually changing. If the last syllable of the stem of the adjective has 'ㅏ' or 'ㅗ', '-아지다' is attached. Otherwise, '-어지다' is attached. For the adjective ending with '하다', '-여지다 (→해지다)' is attached.

- 작년보다 한국어 실력이 좋아졌어요.
- 하늘이 어두워졌어요.
- 청소를 해서 방이 깨끗해졌어요.

맑아졌어요[말가졀써요 / 말가저써요]

연습 2 그림을 보고 다음과 같이 묻고 대답해 봅시다.

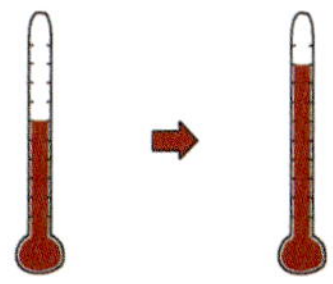

가 : 날씨가 어때요?
나 : 날씨가 더워졌어요.

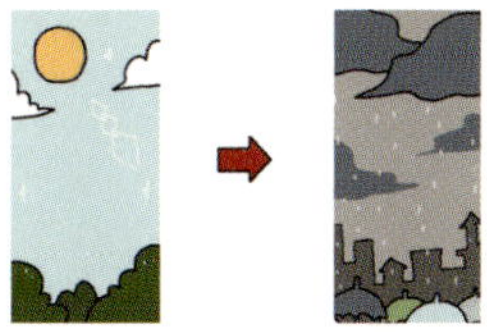

1. 가 : 지금도 맑아요?
   나 : 아니요, ________________.

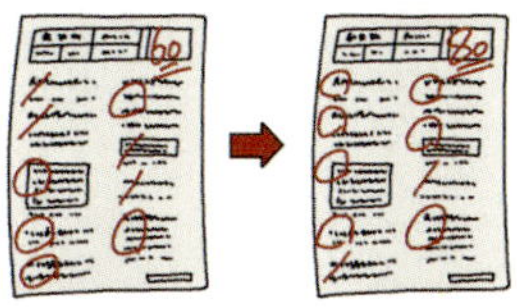

2. 가 : 시험을 잘 봤어요?
   나 : 네, 시험 점수가 ________________.

3. 가 : 마키 씨가 화장을 했네요.
   나 : 그래서 ________________.

4. 가 : 지훈 씨가 운동을 하지 않아요.
   나 : 그래서 ________________.

연습 3 다음 그림은 학교의 풍경입니다. 그림을 보고 오후와 밤의 풍경이 어떻게 달라졌는지 말해 봅시다.
The following picture depicts an outdoors scene at school. Looking at the picture, discuss how the scene would change from the afternoon into the evening.

〈오후〉

〈밤〉

하늘
점수
화장

준비 2 -는

한국 사람들이 여름에 자주 먹는 음식이 뭐예요?

여름에 냉면을 많이 먹어요.

연습 1 다음과 같이 말해 봅시다.

봄에 자주 입는 옷이에요.

1	봄에 자주 입다	과일
2	여름에 자주 먹다	옷
3	가을에 자주 듣다	차
4	겨울에 많이 마시다	책
5	요즘 읽다	음악

-는

It is a suffix that can be attached after a verb or '있다', '없다' to modify the following noun. It expresses that the event or action being described is currently occurring or that it is happening concurrently with the main verb of the sentence.

- 이 노래가 요즘 자주 듣는 노래예요.
- 단어를 외우는 것이 힘들었어요.
- 지금 교실에 있는 사람이 누구예요?

먹는[멍는] 듣는[든는]

연습 2 다음과 같이 묻고 대답해 봅시다.

가 : ________ 씨가 요즘 배우는 외국어가 뭐예요?
나 : 제가 요즘 배우는 외국어는 한국어예요.

	질문	대답
1	요즘 배우다 / 외국어	한국어
2	자주 마시다 / 음료수	콜라
3	자주 만들다 / 음식	
4	자주 부르다 / 노래	
5	자주 만나다 / 친구	
6	요즘 좋아하다 / 가수	

연습 3 좋아하는 것과 싫어하는 것에 대해서 친구와 이야기해 봅시다.
Have a conversation with a partner about the things you like and those things you don' t like.

________ 씨가 좋아하는/싫어하는 한국어 단어가 뭐예요?

________ 씨가 좋아하는/싫어하는 채소가 있어요?

________ 씨가 좋아하는/싫어하는 동물은 뭐예요?

________ 씨는 무슨 음식을 좋아해요/싫어해요?

________ 씨는 무슨 색깔을 좋아해요/싫어해요?

________ 씨는 어떤 사람을 좋아해요/싫어해요?

외국어
단어
채소

대화 27-1

장핑　지난주보다 많이 덥네요.
윤아　장마가 끝나고 더워졌어요.
장핑　그런데 한국 사람들이 여름에 자주 먹는 음식이 뭐예요?
윤아　한국 사람들은 여름에 팥빙수를 많이 먹어요.
　　　아주 시원하고 맛있어요.
장핑　그럼, 지금 팥빙수를 먹으러 갈까요?
윤아　좋아요. 빨리 가요.

확인해 봅시다.

- 오늘 날씨가 어때요?
- 장핑 씨와 윤아 씨는 무엇을 할 거예요?

다음 표현을 사용해서 위와 같이 대화를 만들어 봅시다.

덥다	*장마가 끝나다*	*여름 / 음식*	*팥빙수*	*시원하다 / 맛있다*
춥다	눈이 오다	겨울 / 간식	군고구마	달다 / 맛있다
쌀쌀하다	비가 오다	겨울 / 차	유자차	따뜻하다 / 달다

장마
그런데
팥빙수
빨리
간식
군고구마
유자차

활동

- 한국의 사계절에 대해 더 알아봅시다.
  Let' s find out more about Korea' s four seasons.

- 고향의 계절에 대해서 반 친구들에게 이야기해 봅시다.
  Talk to your classmates about the seasons experienced in your hometown.

- 우리 반 친구들의 고향 중에서 가 보고 싶은 나라를 하나 선택하세요. 그리고 언제 가고 싶은지, 왜 그 계절에 가고 싶은지에 대해서 이야기해 봅시다.
  Select a country you would like to visit, choosing among the hometowns of one of your classmates. Also, discuss when you would like to visit, and why you would like to visit during that time of year.

읽기

- 여러분 고향에도 사계절이 있어요? 고향에서는 비가 오면 무엇을 해요?
  Do you have all four seasons in your hometown? What do people do in your hometown on rainy days?

- 읽어 봅시다. 27-2

요즘은 장마철입니다. 1주일 동안 계속 비가 왔습니다.

그래서 날씨가 쌀쌀해졌습니다. 축구를 좋아하는 제프리 씨는 너무 심심했습니다. 그때 윤아 씨에게서 메시지가 왔습니다. 제프리 씨는 윤아 씨의 메시지가 아주 반가웠습니다.

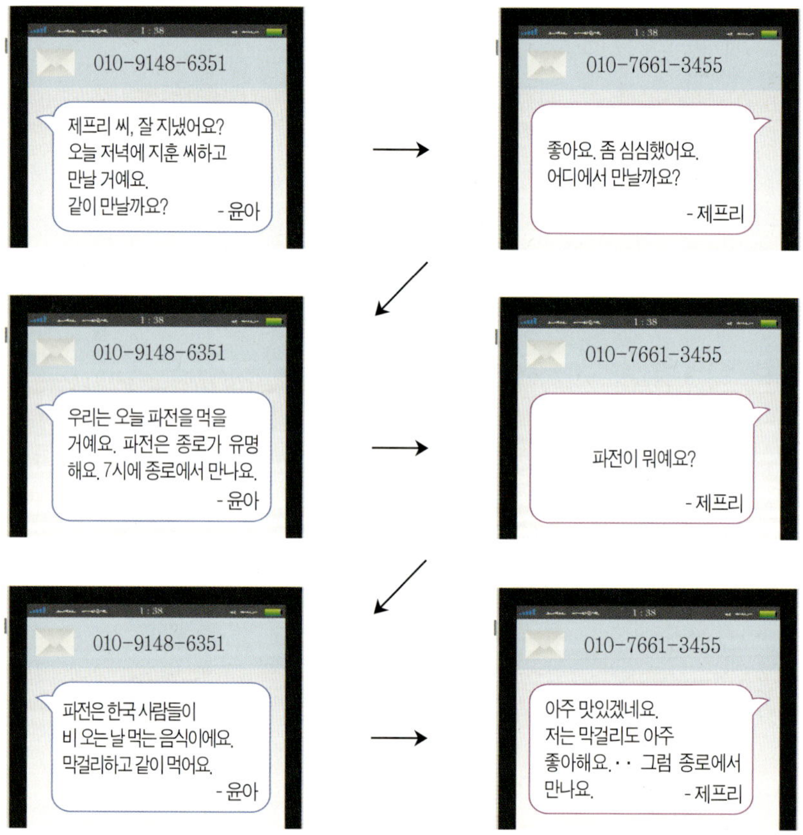

가. 읽고 이야기해 봅시다.

1. 요즘 날씨가 어때요?
2. 윤아 씨의 메시지를 받고 제프리 씨 기분이 어땠어요?
3. 제프리 씨는 오늘 저녁에 뭘 할 거예요?

장마철
주일
너무
메시지
반갑다
파전
종로
막걸리

나. 읽고 맞으면 ○, 틀리면 ×를 하세요.

1. 제프리 씨는 축구를 좋아합니다. (　　)
2. 제프리 씨가 윤아 씨에게 먼저 메시지를 보냈어요. (　　)
3. 제프리 씨가 오늘 종로에서 만나는 사람은 모두 3명이에요. (　　)

다. ______에 주의하면서 듣고 따라 해 봅시다. 27-3

1. 축구를 좋아하는 제프리 씨는 너무 심심했습니다.
2. 파전은 한국 사람들이 비 오는 날 먹는 음식이에요.
3. 막걸리하고 같이 먹어요.

라. 읽은 내용으로 다음 일기를 완성해 봅시다.
Complete following dairy using what you read.

제프리의 일기

6월 10일 날씨

오늘도 계속 비가 왔습니다.

저녁에 ________에서 _______하고 ________을/를 만났습니다.

________을/를 먹고 ________도 마셨습니다. 파전은 아주 맛있었습니다. 파전은 한국 사람들이 ____________ 먹는 음식입니다.

낮에는 심심했지만 저녁에는 ____________________.

여러분은 비가 오는 날 무엇을 하고 싶어요?
What do you like to do on rainy days?

28과 계절 중에서 가을을 제일 좋아해요

준비 1 중에서 제일

마키 씨, 꽃 중에서 무슨 꽃을 제일 좋아해요?

저는 장미를 제일 좋아해요.

연습 1 다음과 말해 봅시다.

가족 중에서 어머니가 제일 보고 싶어요.

1. 가족 / 어머니 / 보고 싶어요.
2. 계절 / 겨울 / 추워요.
3. 나라 / 태국 / 더워요.
4. 날씨 / 눈이 오는 날 / 좋아요.
5. 1년 / 장마 때 / 비가 자주 와요.

중에서 제일

This phrase is used to express that something is the best among many things.

- 저는 영화 중에서 공포 영화를 제일 좋아해요.
- 저는 한국 음식 중에서 비빔밥이 제일 맛있어요.

제일
장미
계절
날

연습 2 다음과 같이 묻고 대답해 봅시다.

> **가 :** 계절 중에서 무슨 계절을 제일 좋아해요?
> **나 :** 저는 봄을 제일 좋아해요.

1. 계절 

2. 동물 

3. 색깔 

4. 과일 

5. 운동 

연습 3 다음과 같이 친구와 말해 봅시다.

> **가 :** 시험 중에서 무엇이 제일 어려워요?
> **나 :** 저는 말하기가 제일 어려워요.

	질문	대답		
1	시험 / 어렵다	□ 말하기	☑ 듣기	□ 쓰기
2	가족 / 보고 싶다	□ 어머니	□ 아버지	□ 동생
3	우리 반 학생 / 키가 크다	□	□	□
4	얼굴 / 예쁘다	□	□	□
5	한국 가수 / 좋아하다	□	□	□

개
새
토끼
뱀
노란색
녹색
바나나
귤
야구
요가
얼굴

준비 2 -(으)ㄹ 수 있다/없다

이리나 씨, 스케이트를 탈 수 있어요?

아니요, 스케이트를 탈 수 없어요.
그렇지만 스키는 탈 수 있어요.

연습 1 그림을 보고 다음과 같이 말해 봅시다.

> 운전을 할 수 있어요. / 운전을 할 수 없어요.

1. 
   운전을 하다
2. 
   공포 영화를 보다
3. 
   김치를 먹다
4. 
   한국 음식을 만들다
5. 

   한자를 읽다
6. 
   자전거를 타다

-(으)ㄹ 수 있다/없다

Attached after the stem of a verb to express that a certain event is possible or that someone has the ability to do something. If a verb ends with a consonant, '-을 수 있다' is attached but if a verb ends with a vowel, '-ㄹ 수 있다' is attached. To express impossibility, '-(으)ㄹ 수 없다' is used.

- 저는 운전할 수 있어요.
- 저는 매운 음식을 먹을 수 없어요.
- 이리나 씨는 한국 음식을 만들 수 있어요.

스케이트
운전을 하다
한자

탈 수 있어요[탈 쑤 읻써요] 탈 수 없어요[탈 쑤 업써요] 한자[한짜]

연습 2 그림을 보고 다음과 같이 묻고 대답해 봅시다.

> **가 :** 농구를 할 수 있어요?
> **나 :** 네, 농구를 할 수 있어요.
> / 아니요, 농구를 할 수 없어요.

1. 
농구

2. 
수영

3. 
골프

4. 
테니스

5. 
탁구

6. 
자전거

7. 
말

8. 
기타

9. 
피아노

연습 3 친구와 같이 자유롭게 말해 봅시다.
Talk freely about this with your partner.

- 무슨 외국어를 할 수 있어요?

✓ 한국어를 할 수 있어요.
✓
✓

- 무슨 운동을 할 수 있어요?

✓ 축구를 할 수 있어요.
✓
✓

골프
테니스
탁구
자전거
말
기타
피아노
치다

대화 28-1

투이	지훈 씨는 계절 중에서 무슨 계절을 제일 좋아하세요?
지훈	저는 단풍이 아름다운 가을을 좋아해요. 그래서 가을에 등산을 자주 해요.
투이	저도 등산을 좋아해요.
지훈	그래요? 내일 같이 산에 갈까요?
투이	아, 미안해요. 내일 시험이 있어요. 그래서 갈 수 없어요. 다음에 가요.

◎ 확인해 봅시다.

- 지훈 씨는 무슨 계절을 좋아합니까?
- 투이 씨는 내일 등산을 하겠습니까?

◎ 다음 표현을 사용해서 위와 같이 대화를 만들어 봅시다.

단풍이 아름답다	*가을*	*등산*	*산에 가다*	*시험이 있다*
바다가 예쁘다	여름	수영	수영장에 가다	약속이 있다
눈이 오다	겨울	스키	스키장에 가다	바쁜 일이 있다

단풍
수영장

바쁜 일[바쁜 닐]

활동

아르바이트를 하고 싶어요. 사장과 학생이 되어서 인터뷰를 해 봅시다.
A student is looking for a part-time job. One student should pretend to be this job-seeking student, while another student pretends to be the employer, and the two should practice conducting an interview.

KS편의점
아르바이트 학생을 찾습니다.

	YES	NO
▶ 한국어를 할 수 있어요?	☐	☐
▶ 몇 시부터 몇 시까지 일할 수 있어요?	________	
▶ 언제부터 일할 수 있어요?	________	
▶ ________________	________	

BBO 치킨
아르바이트 학생을 찾습니다.

	YES	NO
▶ 한국어를 할 수 있어요?	☐	☐
▶ 운전을 할 수 있어요?	________	
▶ 오토바이를 탈 수 있어요?	________	
▶ 주말에도 일할 수 있어요?	________	
▶ ________________	________	

듣기

- 여러분은 무슨 계절을 좋아해요? 왜 좋아해요?
  What is your favorite season? Why do you like it?

- 들어 봅시다. 28-2

가. 듣고 이야기해 봅시다.

1. 지금은 무슨 계절이에요?
2. 오늘 날씨가 어때요?
3. 한국 사람들은 봄에 보통 무엇을 해요?

나. 다시 한번 듣고 맞으면 ○, 틀리면 ×를 하세요.

1. 투이 씨와 지훈 씨는 여름을 좋아해요. (　　)
2. 베트남이 한국보다 더 더워요. (　　)
3. 투이 씨하고 지훈 씨는 오늘 자전거를 타러 갈 거예요. (　　)

다. 듣고 써 봅시다. 28-3

1. ______________________________.
2. ______________________________.
3. ______________________________.

- 여러분은 봄에 무엇을 하고 싶어요? 이야기해 봅시다.

꽃구경

꽃구경[꼳꾸경]

memo

29과 비가 와서 바다에 가지 않았어요

준비 1 -(으)ㄴ

작년 여름에 다녀온 산 이름이 뭐예요?

작년 여름에 다녀온 산 이름은 한라산이에요.

연습 1 다음과 같이 말해 봅시다.

1. 어제 <u>본</u> 영화가 재미있었어요. (보다)
2. 어제 ________ 문법이 어려웠어요. (배우다)
3. 주말에 ________ 치마가 조금 짧아요. (사다)
4. 지난주에 ________ 불고기가 정말 맛있었어요. (먹다)
5. 어제 ________ 꽃이 예뻤어요. (받다)

-(으)ㄴ

Attached after a verb to modify a noun and expresses that the event or action being described has already happened in the past or that the event is completed but that the completed state is still being maintained. If the last syllable of the stem ends with a consonant, '-(으)ㄴ' is attached, but when the last syallble ends with a vowel, '-ㄴ' is attached. If the last syllable ends with 'ㄹ', this 'ㄹ' should be deleted and '-ㄴ' is attached. (Related grammar -는: lesson 27).

- 저는 미국에서 온 마이클입니다.
- 제 생일에 찍은 사진이에요.
- 어제 만든 케이크를 친구에게 선물했어요.

다녀오다

연습 2 그림을 보고 다음과 같이 묻고 대답해 봅시다.

가 : 어제 책을 읽은 사람은 누구예요?
나 : 어제 책을 읽은 사람은 마키 씨예요.

1. 마키

2. 압둘라

3. 알렉세이

4. 투이

5. 장핑

6. 지훈

연습 3 우리 반 친구들 중에서 다음 질문에 해당하는 사람을 찾아봅시다.
Find the student in your class who would be most appropriate to ask the questions listed below.

중국에서 온 사람이 누구예요?

모자를 쓴 사람이 누구예요?

누가 화장을 했어요?

누가 운동화를 신었어요?

누가 안경을 썼어요?

쓰다
신다

준비 2 -아/어/여서[1]

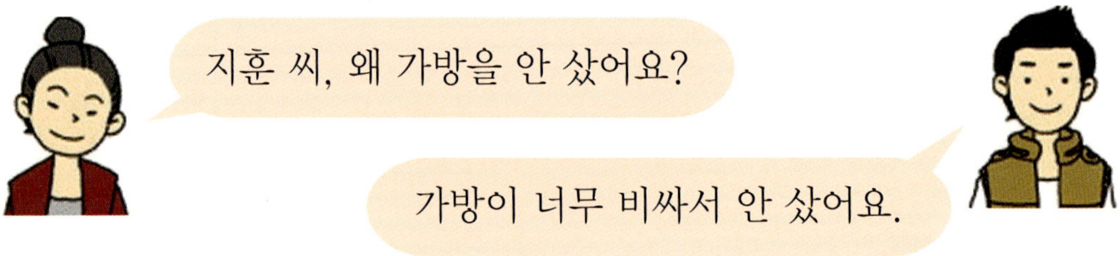

연습 1 다음과 같이 말해 봅시다.

날씨가 추워서 옷을 많이 입었어요.

1. 날씨가 추워요 / 옷을 많이 입었어요
2. 비가 많이 와요 / 우산을 가지고 가요
3. 밤늦게 전화를 해요 / 죄송합니다
4. 어제 술을 많이 마셨어요 / 머리가 아파요
5. 아침에 늦게 일어났어요 / 택시를 탔어요
6. 내일 시험이 있어요 / 도서관에서 공부를 할 거예요

-아/어/여서[1]

Attached after the stem of a verb or an adjective to express that the preceding event or state is an objective cause or reason of the consequences described later in the sentence. If the last syllable of the stem of a verb or an adjective has 'ㅏ' or 'ㅗ', '-아서' should be used, but if the last syllable has other vowels, '-어서' should be used, and finally if the last syllable has '하다', '-여서' (→해서) should be used. It can be followed by a noun, and in this case, its form is realized as '이어서' after a consonant, and as '여서' after a vowel. Even if the presented cause or reason is of the past, it is not used with '-았/었/였-'. In the same way, for expressing willingness or conjecture, it is not used with '-겠-'. A command or proposal ending cannot be used in the following clause.

- 비가 와서 여행을 취소했어요.
- 그 사람은 친절해서 누구나 좋아해요.
- 시간이 없어서 못 가겠어요.
- 저는 고등학생이어서 술을 마실 수 없어요.

가지고 가다
죄송하다
택시
술

택시[택씨] 밤늦게[밤늘께]

연습 2 질문에 대한 이유를 찾아서 다음과 같이 묻고 대답해 봅시다.
Explain the reason for asking this question and have a conversation, following the example below.

가 : 왜 택시를 타요?
나 : 늦어서 택시를 타요.

질문	대답
택시를 타다 ✓	비가 오다
이사를 하다	늦다 ✓
케이크를 만들다	방이 작다
늦게까지 공부를 하다	무섭다
빨래를 안 하다	숙제가 많다
공포 영화를 안 보다	친구 생일이다

연습 3 친구와 이야기해 봅시다.

취미가 뭐예요? 왜 그것을 해요?

자주 가는 식당이 있어요? 왜 거기에 가요?

어디에서 쇼핑을 해요? 왜 거기에서 쇼핑을 해요?

날씨가 좋아요? 어디에 가요? 왜 거기에 가요?

좋아하는 (배우 / 가수)가 있어요? 왜 좋아해요?

늦다
이사
취미

대화 29-1

왕쯔이	바트 씨, 지난 주말에 다녀온 바다가 어땠어요?
바트	주말에 바다에 가지 않았어요.
왕쯔이	왜요?
바트	날씨가 추워서 바다에 가지 않고 영화를 봤어요.
왕쯔이	기분이 안 좋았겠어요.
바트	주말에 본 영화가 재미있어서 괜찮았어요.

● 확인해 봅시다.

- 바트 씨는 주말에 바다에 다녀왔어요?
- 왜 바다에 가지 않았어요?

● 다음 표현을 사용해서 위와 같이 대화를 만들어 봅시다.

지난 주말 / 바다	*날씨가 춥다 / 영화를 보다*	*기분이 안 좋다*	*영화가 재미있다*
지난 주말 / 제주도	눈이 오다 / 사진전에 가다	기분이 안 좋다	사진이 멋있다
지난달 / 남산	비가 오다 / 집에서 쉬다	기분이 안 좋다	맛있는 요리를 먹다

좋았겠어요[조앋껟써요] 괜찮았어요[괜차나써요]

활동

마키 씨가 좋아하는 사람은 누구일까요? 다음 설명을 보고 마키 씨가 좋아하는 사람을 찾아봅시다.
Who is the person that Maki likes? Read the following explanation and find out who this person is.

 제가 좋아하는 사람은	1) 바지를 입은 사람이에요.
	2) 중국에서 온 사람이에요.
	3) 안경을 쓰지 않은 사람이에요.
	4) 모자를 쓰지 않은 사람이에요.

제가 좋아하는 사람을 찾아보세요.
Find out who it is that I like.

제가 좋아하는 사람은	1)
	2)
	3)
	4)

방법

(1) 좋아하는 사람에 대해서 '-(으)ㄴ' 을 사용하여 이야기한다. (4가지)
(2) 나머지 학생들에게 1가지씩 이야기를 하면 나머지 학생들은 4가지 특징을 모두 듣고 종합하여 해당하는 학생을 찾는다.

읽기

세계의 유명한 축제에 대해서 이야기해 봅시다.
Have a discussion about a festivity or celebration that is popularly known around the world.

읽어 봅시다. 29-2

알렉세이 씨는 지난 주말에 여자 친구하고 보령 머드 축제에 다녀왔어요. 머드 축제는 외국 사람들이 많이 구경하는 축제예요. 날씨가 아주 더웠지만 사람들이 정말 많았어요.

머드 축제에서는 머드 마사지를 할 수 있고 머드 게임도 할 수 있어요. 알렉세이 씨는 머드 게임을 하고 여자 친구는 머드 마사지를 했어요. 그리고 두 사람은 바다에 갔어요. 바다에서 수영을 하는 사람들이 많았어요. 예쁜 수영복을 입은 여자들이 많았어요. 알렉세이 씨는 수영을 하고 싶었지만 수영복이 없어서 수영을 할 수 없었어요.

알렉세이 씨는 내년에도 머드 축제에 갈 거예요. 그때에는 수영복을 꼭 가지고 갈 거예요.

가. 읽고 이야기해 봅시다.

1. 알렉세이 씨는 지난 주말에 어디에 다녀왔습니까?
2. 축제에서 무엇을 할 수 있습니까?
3. 알렉세이 씨는 왜 수영을 하지 않았습니까?

나. 윗글을 읽고 맞으면 O , 틀리면 X를 하세요.

1. 알렉세이 씨는 친구들하고 머드 축제에 다녀왔어요. ( )
2. 머드 축제는 외국 사람들에게 인기가 많아요. ( )
3. 알렉세이 씨는 예쁜 수영복을 가지고 갔어요. ( )

보령
머드
축제
마사지
수영복
내년

다. ______에 주의하면서 듣고 따라 해 봅시다. 29-3

1. 외국 사람들이 제일 많이 구경하는 축제입니다.
2. 수영을 하고 싶었지만 수영복이 없어서 수영을 할 수 없었습니다.

라. 읽은 내용을 대화로 만들어 봅시다.

바트 : 알렉세이 씨, 주말에 뭐 했어요?

알렉세이 : 보령 머드 축제에 ______________.

바트 : 재미있었어요?

알렉세이 : 네, 머드 축제에서는 __________(으)ㄹ 수 있어요.

저는 __________을/를 했어요.

바트 : 누구하고 같이 갔어요?

알렉세이 : ______________________________.

그런데 다음에는 다른 친구들하고도 __________.

바트 : 왜요?

알렉세이 : ____________________________________.

축제에서 찍은 사진이 있으면 소개해 봅시다.
If you have a picture that had been taken during these festivities, present it to the class.

memo

한국의 찜질방
Korea' s *jjimjilbang*

A *jjimjilbang* is ahealth facility in which the central area is a dry sauna, kept at a minimum of 50-90 degrees. *Jjimjilbangs* are thriving businesses in the major cities of South Korea, but they are currently also gaining international popularity. It is said that the *jjimjilbang* was initially made to help charcoal laborers relieve their fatigue.The term *jjimjilbang* is constructed with the words *jjimjil*(hotbath) and *bang*(room), and has been gaining popularity since the early 2000s. They are generally open 24 hours so they can also be used for overnight stays as well. The entrance fees often differ for adults and children, fees vary by location, and fees can be more expensive later at night as well. However, prices are still generally reason able and many tourists go to *jjimjilbangs* to spend the night while traveling. Some may stay for even longer periods of time lasting from a few weeks to a few months. It is customary that when you go to a *jjimjilbang*, you are given a T shirt and shorts that you must wear to enjoy the facilities. Once inside, in addition to the sauna and bathrooms, *jjimjilbangs* also offer a variety of other facilities which may include a PC room, a sleeping room, a videoarcade, a movie room, a bowling alley, restaurants, a convenience store, a fitness center, a *noraebang*, or a massag eparlor. If you are looking for as nack, most *jjimjilbangs* sell hard boiled eggs, *shikhae*(a sweet rice drink),and others nacks. Many Koreans think that at the *jjimjilbang*, eating an egg cooked with hot steam and having a cool drink of *shikhae*, is the best combination to cool down from the hot baths. Another part of the cultural experience at the *jjimjilbang* is to make a "sheep' s head towel" by folding your towel around your wet hair to look like sheep' s ears. Be sure to take some time to experience a Korean *jjimjilbang* and don' t forget to wear a sheep' s head towel and enjoy a hard boiled egg and *shikhae*.

● 해 봅시다.

• 양머리 수건을 만들어 봅시다.
Let' s practice making a sheep' s head towel.

위치와 교통

학습 목표 : 목적지까지 가는 방법을 묻고 대답할 수 있다.

30과 | 사거리에서 왼쪽으로 가세요

(으)로[1], -(으)니까

31과 | 버스로 30분쯤 걸려요

(으)로[2], ㄷ 불규칙 동사/형용사, 에서 ~까지

32과 | 삼각지역에서 내려서 6호선으로 갈아타세요

-아/어/여서[2], 르 불규칙 동사/형용사

33과 | 예약할 수 없으면 어떻게 해요?

-(으)면, -(으)ㄹ

30과 사거리에서 왼쪽으로 가세요

준비 1 -(으)로[1]

약국이 어디에 있어요?

사거리에서 오른쪽으로 가세요.

연습 1 그림을 보고 다음과 같이 말해 봅시다.

왼쪽으로 가세요.

1.  왼쪽 / 가다
2.  밖 / 나오다
3.  안 / 들어가다
4. 

9층 / 올라가다
5. 

1층 / 내려가다

(으)로[1]

Attached after a noun to indicate the direction of a movement. If the noun ends with a consonant, '으로' should be used, but if the noun ends with a vowel or 'ㄹ', '로' should be used. '으로' is often used with such verbs as '가다(go)', '오다(come), '내려가다(go down)', '올라가다(go up)', '들어가다(enter)', '들어오다(come in)'.

- 저는 프랑스로 여행을 가고 싶어요.
- 3층으로 올라가십시오.
- 쉬는 시간이 끝났으니까 교실로 들어오세요.

사거리
왼쪽
오른쪽
나오다
들어가다
올라가다
내려가다

연습 2 다음과 같이 묻고 대답해 봅시다.

> **가 :** 우체국이 어디에 있어요?
> **나 :** 오른쪽으로 가세요.

1. 우체국 / 오른쪽 / 가다 2. PC방 / 2층 / 올라가다 3. 병원 / 3번 출구 / 나가다

4. 교실 / 건물 안 / 들어가다 5. 주차장 / 지하 1층 / 내려가다

연습 3 오늘 오후에 제프리 씨와 마키 씨는 어디에 가고 싶어요? 그림을 보고 다음과 같이 그 곳에 가는 방법을 설명해 주세요.
Where do Jeffrey and Maki want to go this afternoon? Look at the picture and, following the example below, explain the path they would take to get to that location.

> **제프리 :** 우체국에 가고 싶어요.
> 그런데 우체국에 어떻게 가요?
> **지훈 :** 사거리에서 오른쪽으로 가세요.

	장소	가는 방법
제프리	우체국	사거리에서 오른쪽으로 가세요.
	빵집	
	약국	
마키	백화점	
	병원	

출구
주차장
지하
건물

준비 2 –(으)니까

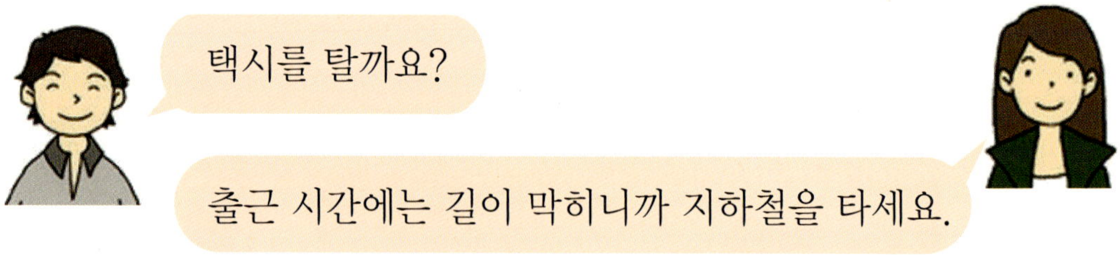

연습 1 다음과 같이 말해 봅시다.

시간이 없으니까 택시를 타세요.

1. 시간이 없다 / 택시를 타다
2. 점심에 약속이 있다 / 저녁에 만나다
3. 친구가 기다리다 / 빨리 가다
4. 길을 모르다 / 길을 물어보다
5. 우리 집이 멀다 / 기숙사에서 파티를 하다
6. 교실이 덥다 / 에어컨을 켜다

–(으)니까

Attached after the stem of a verb or an adjective to indicate that the preceding clause is the cause or ground of the following clause. If the stem ends with a consonant, '-으니까' is attached, but if the stem ends with a vowel, '-니까' is attached. If it is used after a noun, '이니까' is attached after a consonant, but '-니까' is attached after a vowel. It can be attached with a tense marker.
(Related grammar -아/어/여서[1]: Lesson 29)

- 다음 주에 시험을 보니까 같이 공부해요.
- 제 생일이니까 꼭 오세요.
- 이 책은 읽었으니까 다른 책을 빌려 주세요.
- 커피가 뜨거우니까 조심하세요.
- 중요한 서류니까 버리지 마세요.

출근
길이 막히다
모르다
물어보다
켜다

막히니까[마키니까] 없으니까[업쓰니까]

연습 2 다음을 보고 이유를 찾아서 말해 봅시다.
Read the text below, figure out the reason, and discuss it.

비가 오니까 우산을 준비하세요.

비가 와요. ✓	방을 청소하세요.
명동에 사람이 많아요.	우산을 준비하세요. ✓
내일 손님이 올 거예요.	동대문시장으로 가요.
한국 노래를 알아요.	의자에 앉을까요?
다리가 아파요.	한국 노래를 부르세요.
감기에 걸렸어요.	아이스크림을 먹지 마세요.

연습 3 친구와 오늘 계획에 대해서 다음과 같이 이야기해 봅시다.
Discuss your plans for today with a partner, following the example below.

가 : _______ 씨, 우리 등산을 할까요?
나 : 비가 오니까 영화를 봐요. 어때요?
가 : 좋아요.

뭘 할까요?	저는 다른 것을 하고 싶어요	왜요?
등산을 해요 ✓	집에서 TV를 봐요	내일 시험이에요
영화를 봐요	영화를 봐요 ✓	비가 와요 ✓
도서관에 가요	단어를 외워요	기분이 나쁘다
게임을 해요	놀이공원에 가요	눈이 와요
따뜻한 차를 마셔요	쇼핑을 해요	날씨가 좋아요
산책을 해요	노래방에 가요	날씨가 더워요
________	________	________
________	________	________

감기에 걸리다
외우다
놀이공원
노래방

대화 30-1

카오루 실례합니다. 이 근처에 은행이 있습니까?
지나가는 사람 네. 저 사거리에서 왼쪽으로 가세요.
우체국 옆에 은행이 있어요.
카오루 여기에서 은행까지 멉니까?
지나가는 사람 아니요, 멀지 않아요.
그렇지만 4시에 문을 닫으니까 빨리 가세요.
카오루 그래요? 감사합니다.

- 확인해 봅시다.
  - 카오루 씨는 어디에 가고 싶어요?
  - 거기에 어떻게 가요?

- 다음 표현을 사용해서 위와 같이 대화를 만들어 봅시다.
  Using the expressions below, have a conversation, following the above example.

은행	*사거리 / 왼쪽*	*우체국 옆*	*4시에 문을 닫다 / 빨리 가다*
백화점	사거리 / 오른쪽	경찰서 앞	오늘은 휴일이다 / 내일 가다
편의점	똑바로	커피숍 옆	신호가 빨리 바뀌다 / 빨리 건너다

실례하다
그렇지만
경찰서
휴일
신호
똑바로
바뀌다
건너다

실례합니다[실례함니다]

활동

그림을 보고 다음 장소에 가는 방법에 대해 설명해 봅시다.
Look at the picture and explain how to get to the locations noted below.

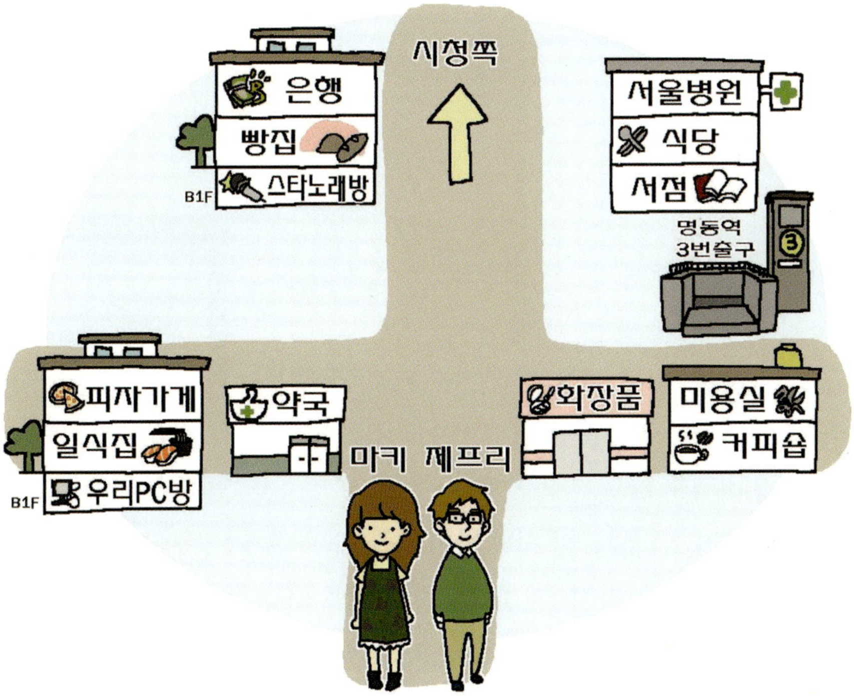

가 : 실례합니다. 이 근처에 미용실이 있습니까?
나 : 네, 사거리에서 오른쪽으로 가세요.
화장품 가게 옆에 라라미용실이 있어요.
그 건물 2층으로 올라가세요.
가 : 알겠습니다. 감사합니다.

1) 라라미용실
2) 우리PC방
3) 서울병원
4) 스타노래방

읽기

● 여러분 학교 홈페이지 주소를 알아요? 자주 가는 인터넷 사이트에 대해서 말해 봅시다.
Do you know the website address for your school' s homepage? Discuss a website that you check regularly.

● 읽어 봅시다. 30-2

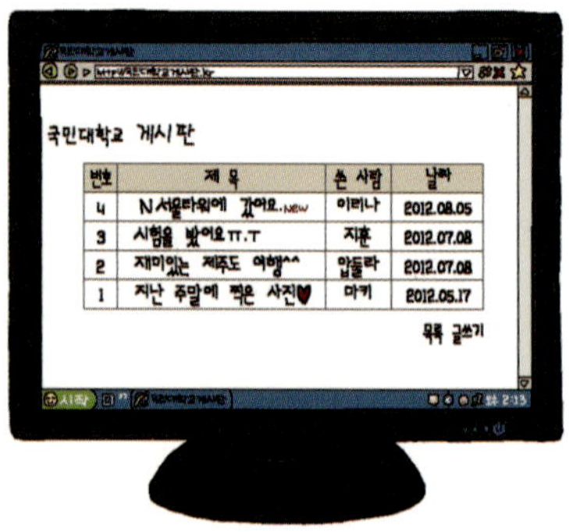

안녕하세요?

저는 러시아에서 온 이리나예요. 반가워요.

여러분은 방학에 뭘 하고 있어요?

저는 지난 주말에 친구들과 같이 N서울타워에 갔어요. 명동역에서 N서울타워까지 케이블카를 타고 갔어요. N서울타워에는 1초에 4m쯤 올라가는 아주 빠른 엘리베이터가 있었어요. 그 엘리베이터를 타고 전망대로 올라갔어요. 날씨가 더웠지만 손을 잡고 데이트를 하는 사람들이 많았어요.

저녁에는 N서울타워 안에 있는 식당에서 스파게티를 먹었어요. 거기에서는 맛있는 음식을 먹을 수 있고 서울 야경도 볼 수 있었어요. 정말 아름다웠어요. 다음에는 남자 친구하고 같이 가고 싶어요.

〈N서울타워에 가는 방법〉
- 근처 지하철역: 지하철 4호선 명동역 3번 출구
- 케이블카 타는 곳: P호텔 오른쪽

※ 오후보다 저녁에 경치가 더 좋으니까 저녁에 가세요.^^

가. 읽고 이야기해 봅시다.

1. 이리나 씨는 어디에 글을 썼어요?
2. N서울타워에서는 뭘 할 수 있어요?
3. N서울타워에 어떻게 가요?

케이블카
엘리베이터
타고 가다
초
전망대
잡다
방법

나. 읽고 맞으면 ○, 틀리면 ×를 하세요.

1. 지금은 방학 중이에요. (　　　)
2. 이리나 씨는 걸어서 N서울타워에 갔어요. (　　　)
3. N서울타워는 저녁보다 오후에 가는 것이 좋아요. (　　　)

다. ______에 주의하면서 듣고 따라 해 봅시다. 30-3

1. <u>명동역에서</u> N서울타워까지 <u>케이블카를</u> 타고 갔어요.
2. <u>맛있는</u> 음식을 <u>먹을 수 있고</u> 서울 야경도 볼 수 있었어요.

라. 읽은 내용을 대화로 만들어 봅시다.

압둘라 : 이리나 씨, 주말 잘 보냈어요?

이리나 : 네, 아주 재미있었어요.

압둘라 : 뭐 했어요?

이리나 : ______________________________.

압둘라 : 누구하고 ______________________________?

이리나 : ______________________________.

압둘라 : N서울타워에서 뭐 했어요?

이리나 : ______________________________.

N서울타워에 가는 방법을 설명해 봅시다.
Explain how to get to N Seoul Tower.

31과 버스로 30분쯤 걸려요

준비 1 (으)로², ㄷ 불규칙 동사/형용사

지훈 씨, 집에 어떻게 가요?

버스로 가요. 장핑 씨는요?

저는 걸어서 가요.

연습 1 그림을 보고 다음과 같이 말해 봅시다.

가 : 학교에 어떻게 가요?
나 : 버스로 가요.
/ 버스를 타고 가요.

(으)로²

Attached after a noun to indicate that the noun is a tool, means, or method of a certain action. If the noun ends with a consonant, '으로' is attached, but if the noun ends with a vowel or 'ㄹ', '로' is attached. (Related grammar N(으)로 1: Lesson 30)

- 비행기로 제주도에 갈 거예요.
- 사과를 칼로 잘라서 드세요.
- 한국 사람들은 숟가락과 젓가락으로 음식을 먹어요.

기차
배
걸어서 가다

연습 2 그림을 보고 묻고 대답해 봅시다.

→ 국민대학교

1. **가 :** 국민대학교에 어떻게 가요?
   나 : <u>버스로</u> 가요.

→ 북한산

2. **가 :** 북한산에 어떻게 가요?
   나 : ______________(으)로 가요.

→ 경복궁

3. **가 :** 경복궁역에 어떻게 가요?
   나 : ______________(으)로 가요.

4. **가 :** 63빌딩에 어떻게 가요?
   나 : ______________(으)로 건너세요.

5. **가 :** 영화관에 어떻게 가요?
   나 : ______________(으)로 건너세요.

연습 3 다음과 같이 말해 봅시다.

한국 노래를 듣습니다. ➡ 한국 노래를 들어요.

1. 한국 노래를 듣습니다.
2. 친구와 같이 운동장을 걷습니다.
3. 선생님께서 이름을 묻습니다.
4. 추워서 창문을 닫습니다. ※
5. 용돈을 받습니다. ※

육교
횡단보도
갈아타다
63빌딩
경복궁역
걷다
묻다

연습 4 다음과 같이 묻고 대답해 봅시다.

1. 가 : 지금 뭘 들어요? (음악)
   나 : 음악을 들어요.

2. 가 : 친구가 뭘 물었어요? (이메일 주소)
   나 : ______________________.

3. 가 : 듣기 시험이 어렵네요. (한국어 CD)
   나 : 그럼 ______________(으)세요.

4. 가 : 왜 다리가 아파요? (2시간 걷다)
   나 : ______________________아/어/여서 다리가 아파요.

5. 가 : 생일에 무엇을 받고 싶어요?
   나 : ______________________.

연습 5 우리 반 학생들이 어디에 사는지 물어보고 학교에 오는 방법을 알아봅시다.
Ask your classmates where they live and find out how they get to school.

이름	어디에 살아요?	학교에 어떻게 와요?	이름
윤아 씨	기숙사	걸어서 오다	윤아 씨는 기숙사에서 살아요. 학교에 걸어서 와요.

ㄷ 불규칙 동사/형용사

Refers to the phenomenon when 'ㄷ' changes to 'ㄹ', among verbs and adjectives whose last syllable of the stem has a final consonant, and before a suffix whose initial sound is vowel. Verbs that change in this way include '듣다', '걷다', '묻다', '싣다', '깨닫다'.

• 날마다 한국 뉴스를 들어요.
• 모르는 것이 있으면 물어보세요.
※ 사랑하는 사람과 손을 잡고 공원을 걷고 싶어요.
※ 시끄러우니까 문을 닫으세요.

주소

준비 2 에서 ~까지

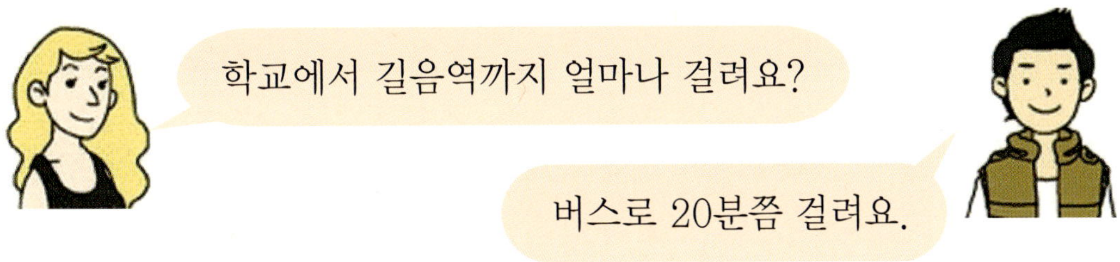

연습 1 그림을 보고 다음과 같이 묻고 대답해 봅시다.

가 : 학교에서 집까지 어떻게 가요?
나 : 학교에서 집까지 버스로 가요.

1.

2.

3.

4.
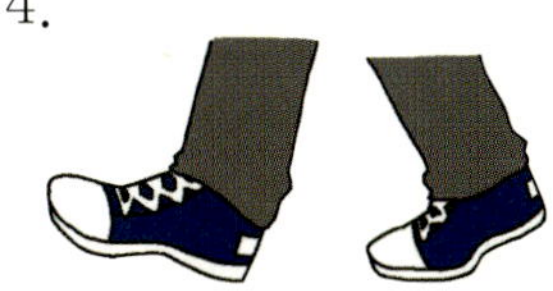

에서 ~까지
Attached after nouns to indicate the starting and ending points of a movement.

- 학교에서 집까지 멀지 않아요
- 서울에서 부산까지 기차로 2시간쯤 걸려요.

길음역
얼마나
걸리다
비행기
인천

연습 2 다음과 같이 묻고 대답해 봅시다.

> 가 : 학교에서 명동까지 얼마나 걸려요?
> 나 : 30분쯤 걸려요.

1. 학교 ➡ 명동 / 30분
2. 집 ➡ 공항 / 1시간
3. 교실 ➡ 사무실 / 5분
4. 한국 ➡ 미국 / 13시간 30분
5. 지하철역 ➡ 약속 장소 / 10분
6. 여기 ➡ 거기 / 20분

연습 3 다음 장소에 갈 때 타고 가는 교통수단과 소요 시간에 대해 이야기해 봅시다.
Discuss the way one takes to get to the locations noted below and how long the trip would take.

> 가 : 학교에서 시청까지 얼마나 걸려요?
> 나 : 버스로 30분쯤 걸려요.

장소	교통수단	출발 시간	도착 시간
학교 → 시청		09:00	09:30
서울 → 부산		04:30	07:00
한국 → 사우디		08:00	23:00
길음역 → 롯데월드		11:00	12:00
교실 → 학생 식당	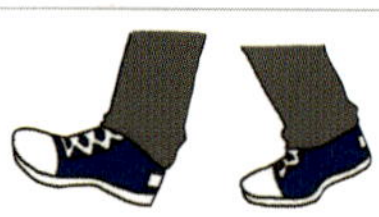	08:55	09:00

교통수단
출발
도착

대화 31-1

알렉세이 선생님, 출입국관리사무소에 어떻게 가요?
선생님 1020번 버스를 타고 가세요.
알렉세이 학교에서 거기까지 얼마나 걸려요?
선생님 버스로 30분쯤 걸려요.
알렉세이 어디에서 내려요?
선생님 안국동에서 내리세요. 안내 방송을 하니까 잘 들으세요.

◎ 확인해 봅시다.

- 알렉세이 씨는 무엇을 타고 출입국관리사무소에 갈 거예요?
- 거기까지 얼마나 걸려요?

◎ 다음 표현을 사용해서 위와 같이 대화를 만들어 봅시다.

출입국관리사무소	*1020번 버스*	*30분*	*안국동*
김포공항	지하철	1시간	김포공항역
인사동	153번 버스	20분	종로3가역

출입국관리사무소
내리다
안국동
안내 방송
김포공항역
종로3가역

활동

다음 장소에 어떻게 가는 게 좋아요? 여러 가지 방법 중에서 좋은 방법을 친구에게 추천해 봅시다.
What is the way you prefer to get to the locations noted below? Of the various possible ways, tell your partner a good route that you would recommend.

가 : 대학로에 어떻게 가요?
나 : 버스로 갈 수 있고, 지하철로도 갈 수 있어요.
그런데 버스가 싸니까 버스로 가세요.
가 : 학교에서 대학로까지 얼마나 걸려요?
나 : 버스로 40분쯤 걸려요.

장소	교통 수단	요금	걸리는 시간
학교 ➡ 대학로	버스	900원	40분
	지하철	1,200원	25분
서울 ➡ 부산	KTX	38,000원	2시간 30분
	비행기	55,000원	1시간
부산 ➡ 일본	비행기	300,000원	1시간 30분
	배	150,000원	6시간
서울 ➡ (　　)			

읽기

- 여러분은 언제 초대장을 써요? 초대장을 이메일로 보내요?
  When do you write invitations? Do you send invitations over e-mail?

- 읽어 봅시다. 31-2

×삭제 | 답장 | 전체답장 | 전달 | 저장

보낸사람	장핑<jping@km.org>
받는사람	알렉세이<alex1234@hexa.or.ru>
보낸날짜	2012-10-01 10:00:01

알렉세이 씨, 안녕하세요?

저는 장핑이에요. 금요일 저녁에 약속이 있어요?

금요일에 대사관에서 '중국 문화 축제' 가 있어요. 그래서 알렉세이 씨를 초대하고 싶어요. 중국 대사관은 명동역 근처에 있어요.

학교에서 길음역까지 153번 버스를 타고 길음역에서 지하철 4호선으로 갈아타세요. 그리고 명동역에서 내리세요. 명동역 4번 출구 앞에 횡단보도가 있어요. 횡단보도를 건너서 100m쯤 똑바로 오세요. 명동역에서 걸어서 5분쯤 걸릴 거예요.

아래 초대장을 같이 보내니까 보고 오세요. 여러 나라 학생들이 많이 올 거니까 꼭 오세요. 기다리겠습니다.

×삭제 | 답장 | 전체답장 | 전달 | 저장

초대장
꼭
대사관

가. 읽고 이야기해 봅시다.

1. 누가 누구에게 이메일을 썼어요?
2. 왜 이메일을 썼어요?
3. ㉠에 들어갈 말을 쓰세요.

나. 읽고 맞으면 ○, 틀리면 ×를 하세요.

1. 중국 대사관에 버스를 타고 갈 수 있어요. (　　)
2. 중국 대사관은 명동역에서 가까워요. (　　)
3. 중국 학생만 갈 수 있어요. (　　)

다. ______에 주의하면서 듣고 따라 해 봅시다. 31-3

1. 명동역 4번 출구 앞에 횡단보도가 있어요.
2. 횡단보도를 건너서 100m쯤 똑바로 오세요.

라. 읽은 내용을 대화로 만들어 봅시다.

이리나 : 여보세요? 알렉세이 씨, 저 이리나예요.
알렉세이 : 이리나 씨, 안녕하세요?
이리나 : 알렉세이 씨도 ______에게서 초대를 받았어요?
알렉세이 : 네, 초대를 받았어요. __________에 갈 거예요?
이리나 : 네, 갈 거예요. 그런데 중국 대사관에 어떻게 가요?
알렉세이 : ______________________________.
______________________________.
이리나 : 좀 복잡하네요. 우리 같이 갈까요?
알렉세이 : 그래요. 6시에 학교에서 만나요.

여러분 나라의 대사관에 가는 방법을 설명해 봅시다.
Explain how you would get to your country' s embassy.

memo

32과 삼각지역에서 내려서 6호선으로 갈아타세요

준비 1 -아/어/여서[2]

시청에 어떻게 가요?

서울역에서 내려서 지하철 1호선으로 갈아타세요.

연습 1 다음과 같이 말해 봅시다.

버스에서 내려서 지하철로 갈아탔어요.

1. 버스에서 내리다 ➡ 지하철로 갈아타다
2. 지하철 2호선에서 내리다 ➡ 3호선으로 갈아타다
3. 집에 가다 ➡ 숙제를 하다
4. 케이크를 만들다 ➡ 선물하다
5. 의자에 앉다 ➡ 기다리다

-아/어/여서[2]

Attached after a verb stem of the preceding clause and connects with the following clause according to the time sequence. It is used when the preceding clause is the method or means of the action described in the following clause. If the last syllable of the stem of a verb has 'ㅏ' or 'ㅗ', '-아서' should be used, but if the last syllable has other vowels, '-어서' should be used, and finally if the last syllable has '하다', '-여서(→해서)' should be used. It cannot be used with a tense marker and the subject of the preceding and following clauses should be same.
(Related grammar: V/Adj아/어/여서: Lesson 9.)

- 친구를 만나서 쇼핑을 했어요.
- 주말에 출근해서 일을 끝낼 거예요.
- 사과는 씻어서 드세요.

시청
서울역
호선

연습 2 다음과 같이 묻고 대답해 봅시다.

> 가 : 국민대학교에 어떻게 가요?
> 나 : 지하철 1호선 서울역에서 내려서 4호선으로 갈아타세요.

1. 국민대학교
   지하철 1호선 서울역 / 내리다 ➡ 4호선 / 갈아타다
2. 동대문시장
   동대문역 / 내리다 ➡ 1번 출구 / 나가다
3. 인천공항
   길음역 / 내리다 ➡ 공항버스 / 갈아타다
4. 63빌딩
   여의도역 / 내리다 ➡ 200m쯤 걸어서 가다
5. 주차장
   건물 안 / 들어가다 ➡ 엘리베이터를 타다

연습 3 바트 씨의 주말 계획표를 보고 말해 봅시다. 그리고 여러분의 주말 계획도 세워 봅시다.
Look at Bat' s weekend schedule and discuss it. Then make your own weekend plans.

질문	바트의 계획	나의 계획
몇 시에 일어날 거예요?	9시에 일어나다 ➡ 커피를 마시다	________ ➡
어디에 갈 거예요?	영화관에 가다 ➡ 무서운 영화를 보다	________ ➡
어디에 가서 뭐 먹을 거예요?	이태원에 가다 ➡ 인도 요리를 먹다	________ ➡
몇 시에 집에 돌아올 거예요?	저녁 6시에 돌아오다 ➡ 숙제를 하다	________ ➡

> 9시에 일어나서 커피를 마실 거예요.
> 그리고 영화관에 가서 무서운 영화를 볼 거예요.

동대문역
공항버스
여의도역
인도
돌아오다

준비 2 르 불규칙 동사/형용사

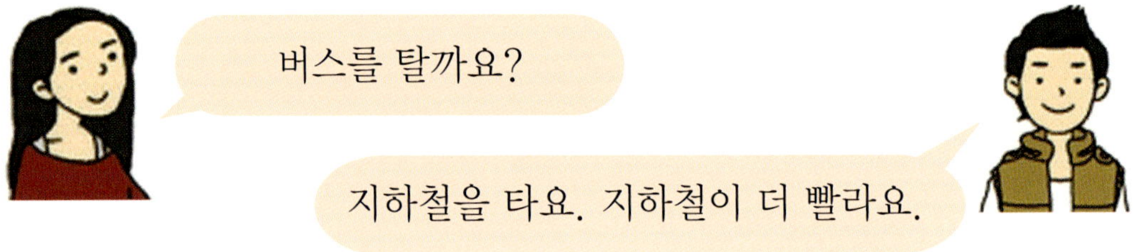

연습 1 다음과 같이 말해 봅시다.

버스 정류장을 몰라요.

1. 버스 정류장을 모릅니다.
2. KTX가 제일 빠릅니다.
3. 제 동생은 노래를 잘 부릅니다.
4. 제 고향 날씨와 한국 날씨가 다릅니다.
5. 미용실에서 머리를 자릅니다.

르 불규칙 동사/형용사 (르 irregular verbs and adjective)

The phenomenon that if the last syllable of a verb or an adjective is '르', 'ㅡ' is deleted before '아/어' and 'ㄹ' is added.

- 날씨가 더워서 머리를 짧게 잘랐어요.
- 한국 문화와 고향 문화가 달라요.
- 단어를 몰라서 친구에게 물어봤어요.
- 저도 마키 씨처럼 노래를 잘 부르고 싶어요.

정류장
KTX
빠르다
다르다

정류장[정뉴장]

연습 2 다음과 같이 묻고 대답해 봅시다.

1. **가 :** 한국 영화를 이해할 수 있어요? (빠르다)
   나 : 아니요. 한국말이 빨라서 이해할 수 없어요.

2. **가 :** 한국 한자하고 중국 한자하고 같아요? (다르다)
   나 : 아니요, 조금 ______________.

3. **가 :** 은행에서 돈을 잘 찾았어요? (비밀번호를 모르다)
   나 : 아니요, ______________아/어/여서 돈을 찾을 수 없었어요.

4. **가 :** 카오루 씨, 오늘 목소리가 이상하네요? (부르다)
   나 : 어제 노래방에서 노래를 많이 __________아/어/여서 목이 아파요.

5. **가 :** 배가 고프네요. (자르다)
   나 : 그럼, 이 케이크를 ______________아/어/여서 같이 먹을까요?

연습 3 다음 질문에 대답해 봅시다.
Respond to the following questions.

동물 중에서 어느 동물이 제일 빠릅니까?

노래방에서 요즘 자주 부르는 노래가 있어요?

우리 반 학생들 이름을 다 알아요?
누구의 이름을 모릅니까?

1부터 20까지 숫자를 말해 봅시다.
우리 반 학생 중에서 누가 제일 빠릅니까?

한국과 고향 날씨는 어떻게 다릅니까?

이해하다
비밀번호
목소리
목
숫자

대화 32-1

압둘라 왕쯔이 씨, 오늘 알렉세이 씨 생일 파티에 갈 거예요?

왕쯔이 네. 어디에서 해요?

압둘라 이태원역에 있는 차차에서 해요.

왕쯔이 그런데 이태원역은 어떻게 가요? 길을 잘 몰라요.

압둘라 길음역에서 지하철 4호선을 타세요.
그리고 삼각지역에서 내려서 6호선으로 갈아타세요.
이태원역 3번 출구에 차차가 있어요.

왕쯔이 알았어요. 이따가 만나요.

확인해 봅시다.

- 오늘 왕쯔이 씨는 왜 이태원역에 가요?
- 차차에 어떻게 가요?

다음 표현을 사용해서 위와 같이 대화를 만들어 봅시다.

1.

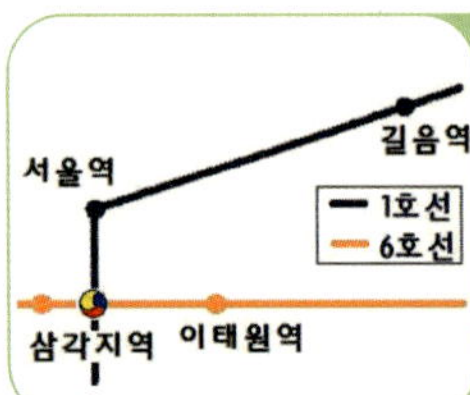

알렉세이 씨 생일 파티
이태원역, '차차'
길음역, 4호선
삼각지역, 6호선
3번 출구

2.

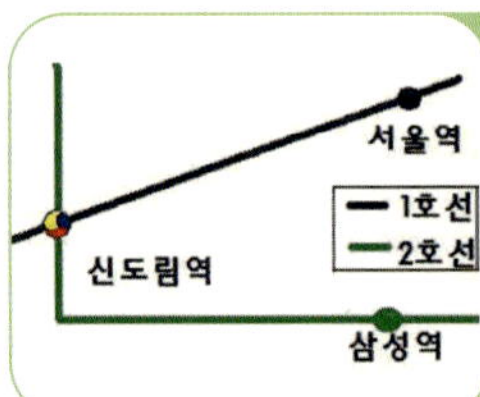

선생님 결혼식
삼성역, H호텔
서울역, 1호선
신도림역, 2호선
1번 출구

이따가
이태원역
삼각지역
결혼식
삼성역
신도림역

활동

지하철 노선도를 보고 다음 장소에 가는 방법을 설명해 봅시다.
Look at the subway routes and explain how to get to the locations noted below.

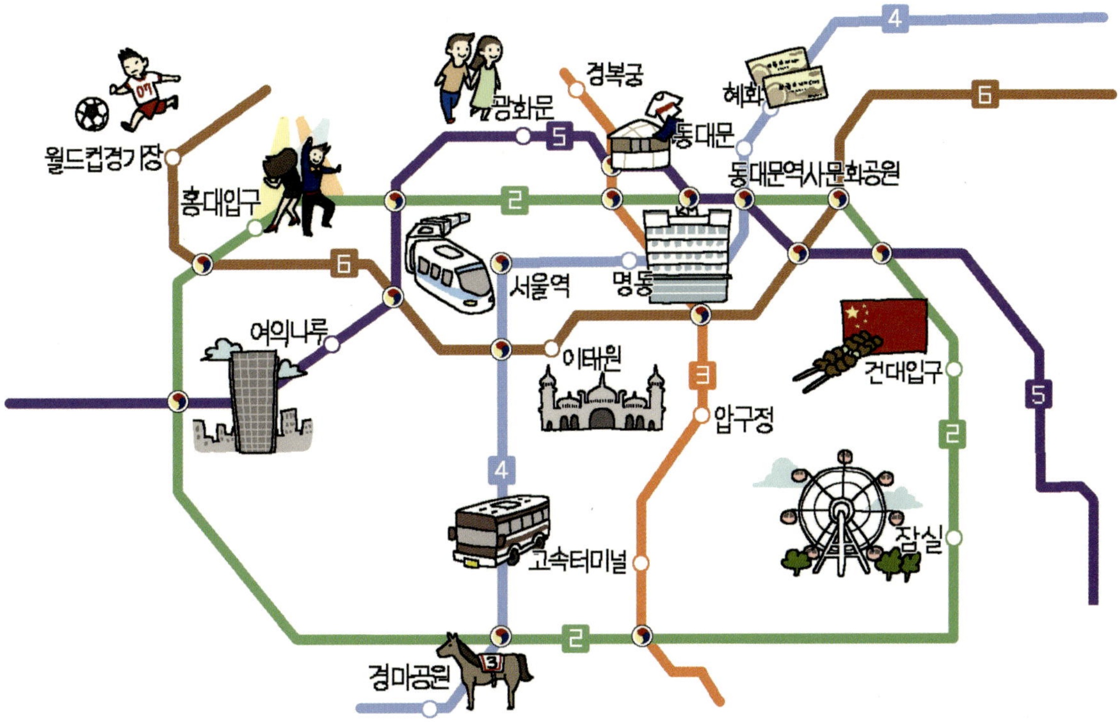

질문	장소	지하철역
쇼핑하기 좋은 곳	동대문시장	1호선, 4호선 동대문역
	L 백화점	4호선 명동역
데이트하기 좋은 곳		
고향 음식을 먹을 수 있는 곳		

듣기

여러분은 인천공항에서 학교까지 어떻게 왔어요? 시간이 얼마나 걸렸어요?
How did you get from Incheon Airport to school? How much time did it take?

들어 봅시다. 32-2

가. 듣고 이야기해 봅시다.

1. 간토야 씨는 어디에 전화를 했어요?
2. 간토야 씨는 지금 어디에 있습니까?
3. 간토야 씨가 가고 싶은 곳까지 시간이 얼마나 걸려요?

나. 다시 한번 듣고 맞으면 O, 틀리면 X를 하세요.

1. 간토야 씨는 길을 잘 몰라요. (　　)
2. 간토야 씨는 버스를 타고 갈 거예요. (　　)
3. 식당은 서울역 3번 출구에 있어요. (　　)

다. 듣고 써 봅시다. 32-3

명동역에서 지하철 4호선을 타세요. ⇨ ＿＿＿＿＿에서 내리세요. ⇨
1호선으로 ＿＿＿＿＿ ⇨ ＿＿＿＿＿＿＿ ⇨ ＿＿＿＿＿

주말에 어디에 자주 가요? 그곳에 가는 방법을 설명해 봅시다.
Where do you frequently go on the weekends? Explain how to get there.

memo

33과 예약할 수 없으면 어떻게 해요?

준비 1 −(으)면

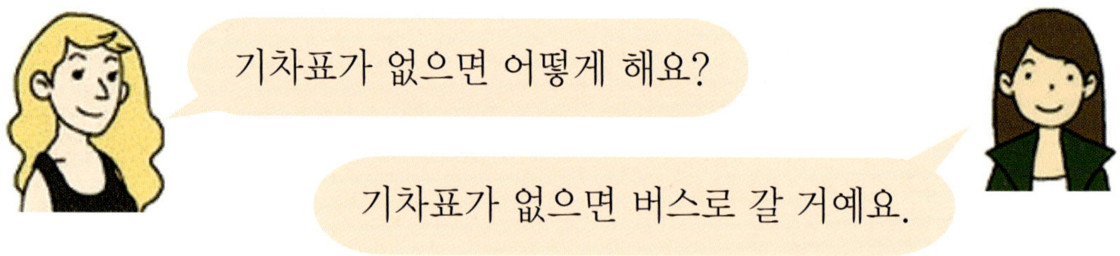

연습 1 다음과 같이 말해 봅시다.

방학이 되면 아르바이트를 할 거예요.

1. 방학이 되다 / 아르바이트를 하다
2. 고향에 가다 / 어머니께서 만든 음식을 먹다
3. 용돈을 받다 / 운동화를 사다
4. 기분이 나쁘다 / 클래식 음악을 듣다
5. 날씨가 좋다 / 등산을 하다

−(으)면

Attached after the stem of a verb or an adjective and expresses meaning of condition or presupposition. If the stem ends with a consonant, '-으면' is attached, but if the stem ends with a vowel or 'ㄹ', '-면' is attached.

- 비가 오면 그 사람이 생각나요.
- 오늘 시간이 없으면 다음에 만납시다.
- 돼지고기를 먹으면 배가 아파요.
- 배가 부르면 그만 드세요.

되다

연습 2 다음과 같이 묻고 대답해 봅시다.

가 : 시간이 있으면 뭘 해요?
나 : 저는 시간이 있으면 소설을 읽어요.

______(으)면 ___________아/어/여요.	여러분은 뭐해요?
1. 시간이 있다 / 소설을 읽다	
2. 스트레스가 많다 / 많이 먹다	
3. 비가 오다 / 따뜻한 커피를 마시다	
4. 부모님이 보고 싶다 / 가족사진을 보다	

연습 3 친구와 자유롭게 말해 봅시다.
Talk freely about this with your partner.

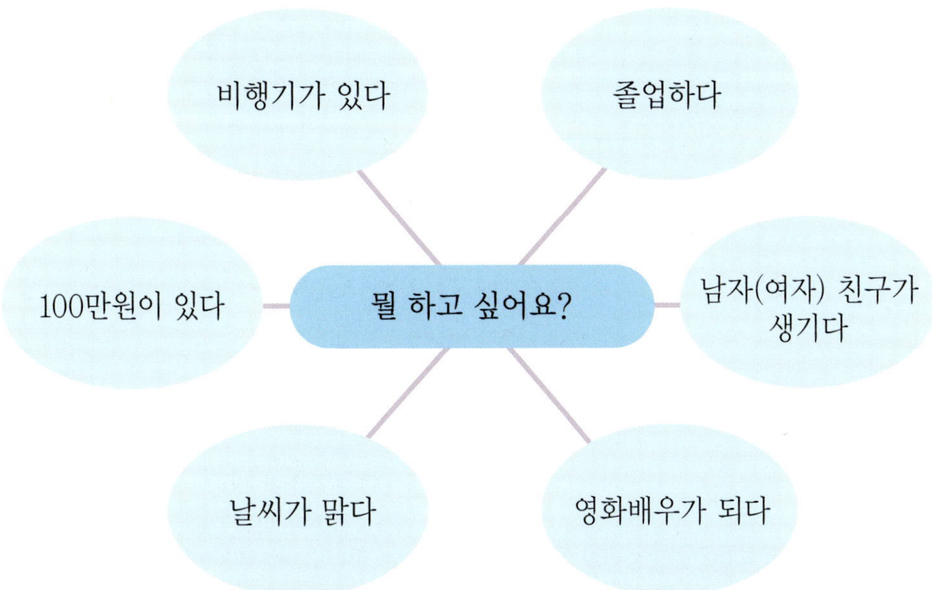

가 : 100만 원이 있으면 뭘 하고 싶어요?
나 : 저는 100만 원이 있으면 노트북을 사고 싶어요.

소설
스트레스
졸업하다
생기다
영화배우
노트북

준비 2 -(으)ㄹ

뭘 준비할 거예요?

내일 먹을 간식을 준비할 거예요.

연습 1 다음과 같이 말해 봅시다.

내일 먹을 간식이에요.

1	내일 먹다	우유
2	2급 때 공부하다	옷
3	주말에 보다	간식
4	내일 아침에 마시다	책
5	생일 파티 때 입다	영화

-(으)ㄹ

Attached after a verb ending with '있다' or '없다' to modify the following noun and to indicate that the event or action being described has not been fixed but rather depicts a guess, presupposition, willingness, or possibility. If the verb stem ends with a consonant, '을' is used, but if the verb stem ends with a vowel or 'ㄹ', '-ㄹ' is used. (Related grammar V는, V(으)ㄴ: Lesson 27 and 29)

- 집에 먹을 것이 없어요.
- 아직 살 곳을 정하지 못했어요.
- 오늘은 할 일이 많아요.

연습 2 다음과 같이 묻고 대답해 봅시다.

1. **가 :** 명동에서 뭘 샀어요? (친구에게 주다)
   나 : 친구에게 줄 선물을 샀어요.
2. **가 :** 내일 무슨 영화를 볼 거예요? (보다)
   나 : 우리가 ____________ 영화는 공포 영화예요.
3. **가 :** 윤아 씨, 누구하고 같이 등산 가요? (같이 가다)
   나 : 혼자 가요. ____________________ 사람이 없어요.
4. **가 :** 무엇을 연습하고 있어요? (부르다)
   나 : 친구 생일에 __________ 노래를 연습하고 있어요.
5. **가 :** 내일 저녁에 영화 볼까요? (공부하다)
   나 : 미안해요. 다음에 봐요. 시험이 있어서 ____________ 것이 많아요.

연습 3 다음은 백화점입니다. 백화점에서 살 물건을 생각해서 다음과 같이 친구와 묻고 대답해 봅시다.
Below is a picture of a department store. Think of items you should buy at a department store, and ask and answer questions about them with a partner, following the example below.

> **가 :** 뭘 살 거예요?
> **나 :** 저는 어머니에게 드릴 지갑을 살 거예요.

(돈을) 쓰다

대화 33-1

윤아 투이 씨, 방학을 하면 부산으로 여행을 갈까요?
투이 네, 좋아요. 부산에 어떻게 가요?
윤아 기차로 가요. 인터넷으로 예약할 수 있어요.
투이 그렇지만 예약할 수 없으면 어떻게 해요?
윤아 걱정하지 마세요. 버스로도 갈 수 있어요.
투이 알았어요. 준비할 것이 있어요?
윤아 기차에서 먹을 음료수와 간식을 준비할까요?

- 확인해 봅시다.
  - 언제 부산에 갈 거예요?
  - 부산에 갈 때 무엇을 준비할 거예요?

- 다음 표현을 사용해서 위와 같이 대화를 만들어 봅시다.

부산 / 여행	*기차*	*버스*	*기차에서 먹을 음료수와 간식*
제주도 / 여행	비행기	배	제주도에서 쓸 돈
스키장에 가다	버스	기차	스키장에서 입을 스키복

걱정하다
쓰다
스키복

활동

다음은 마키 씨의 여행 일정표입니다. 마키 씨의 여행에 대해서 이야기해 봅시다. 그리고 여러분의 여행 일정표를 완성하고 이야기해 봅시다.
Below is Maki' s travel schedule. Discuss her travel plans. Then construct your own travel schedule and discuss it.

마키 씨의 여행 일정표		
장소	부산	
같이 갈 사람	남자 친구	
아침에 먹을 것	일찍 일어나요	한식
	늦게 일어나요	샌드위치
갈 곳	날씨가 좋아요	바다에 가요
	비가 와요	국제시장에 가요
할 일	바다에 가요	수영을 해요
	국제시장에 가요	기념품을 사요

저는 방학을 하면 남자 친구 하고 같이 부산에 갈 거예요.
아침에 일찍 일어나면 한식을 먹을 거예요. 그렇지만 늦게 일어나면 샌드위치를 먹을 거예요.

______________________________.

______________________________.

______________________________.

나의 여행 일정표		
장소		
같이 갈 사람		
아침에 먹을 것		
갈 곳		
할 일		

읽기

- 비행기표를 예약해 봤어요?
  Have you ever made a flight reservation?

- 읽어 봅시다. 33-2

직원	안녕하십니까? 한국여행사입니다.
제프리	뉴욕으로 가는 비행기표를 사고 싶어요.
직원	언제 출발하실 거예요?
제프리	7월 15일 오전에 출발하고 싶어요.
직원	잠시만 기다리세요. 손님, 죄송합니다. 오전에는 비행기표가 없고 오후에만 표가 있어요.
제프리	오후 몇 시에 비행기표가 있어요?
직원	오후 2시하고 4시에 표가 있어요.
제프리	오전에 출발하는 비행기표가 없으면 오후 2시 표로 주세요.
직원	돌아오실 표도 예약하시겠어요?
제프리	아니요, 다음에 예약하겠습니다.
직원	성함과 전화번호가 어떻게 되세요?
제프리	이름은 제프리이고 전화번호는 010-7661-3455입니다.
직원	네, 감사합니다. 7월 15일 오후 2시 비행기니까 여권을 준비해서 12시까지 공항으로 가세요.
제프리	감사합니다.

여행사
비행기표
출발하다
직원
뉴욕
잠시만
성함
여권
어떻게 되다

가. 읽고 이야기해 봅시다.

1. 제프리 씨는 누구와 전화를 하고 있습니까?
2. 제프리 씨는 왜 전화를 했습니까?
3. 제프리 씨는 공항에 갈 때 무엇을 준비할 거예요?

나. 읽고 맞으면 O, 틀리면 X를 하세요.

1. 제프리 씨는 미국에 갈 거예요. (　　　)
2. 제프리 씨는 오후에 출발하고 싶어요. (　　　)
3. 제프리 씨는 한국에 돌아올 표도 예약했어요. (　　　)

다. ______에 주의하면서 듣고 따라 해 봅시다. 33-3

1. 성함과 전화번호가 어떻게 되세요?
2. 여권을 준비해서 12시까지 공항으로 가세요.

라. 읽은 내용을 대화로 만들어 봅시다.

투이 : 제프리 씨, 방학에 뭐 할 거예요?
제프리 : ________________________(으)ㄹ 거예요.
투이 : 그래요? 언제 갈 거예요?
제프리 : ________________________________.
투이 : 비행기표를 ______________?
제프리 : 네, 예약했어요.
투이 : 몇 시까지 공항에 가요?
제프리 : ________________________.
투이 : 고향에 가서 좋겠어요. 잘 다녀오세요.
제프리 : 고마워요.

고향에 가는 비행기표를 예매해 봅시다.
Practice making a flight reservation to visit your hometown.

memo

문화 Culture

티머니 (T-Money)

T-money is a reusable card that is used to ride buses or subways in Seoul. After purchasing the card, putting money on it, and riding the bus or subway, when getting off you must scan it over a reader that will automatically deduct the fare amount. This card is convenient as you can avoid using coins or waiting in line to buy a ticket.

As an additional benefit, public transportation fare is discounted when you use a T-money card instead of cash. As of late, T-money is now accepted for taxi fare, for calls at public pay phones, and for vending machine purchases, and its use for other such conveniences are continuing to grow.

- Basic information for transferring with T-money
  - In the case you have to transfer, you must scan your card on the reader when getting off the train or bus.
  - The allotted time for a transfer is a maximum of 30 minutes.
  - You may make up to four transfers on a single ride.
  - You may not transfer between subways or buses on the same line.

- How to add money on your T-money.

  You can add money on your T-money card at the same place you had purchased it by paying the desired amount you would like to add.

해 봅시다.

- 티머니 카드를 충전하고 싶을 때 어떻게 말해요?

  What would you say when you want to charge your T-money card?

> "충전해 주세요."
> "Please charge (the card)."

취미와 약속

학습 목표 : 취미와 여가 활동에 대해 말할 수 있다.

34과 집에서 쉬거나 친구를 만나요

준비 1 -거나

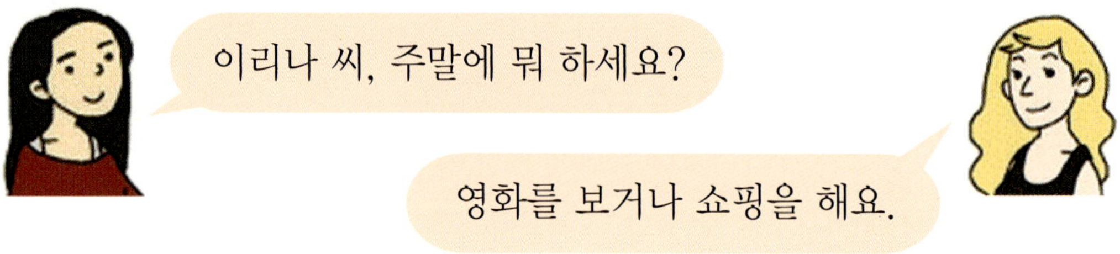

연습 1 다음과 같이 말해 봅시다.

집에서 쉬거나 숙제를 해요.

1. 집에서 쉬다 – 숙제하다
2. 쇼핑을 하다 – 집에서 쉬다
3. 음악을 듣다 – 게임을 하다
4. 친구 집에서 놀다 – 여행을 하다
5. 친구를 만나다 – 집안일을 하다

-거나

This connective suffix connects two or more actions or states and denotes that one of the actions or states is chosen. It is attached after the stem of a verb or an adjective.

- 커피를 마시거나 녹차를 마셔요.
- 내일은 흐리거나 비가 올 거예요.
- 빵을 먹거나 밥을 먹어요.

집안일

집안일[지반닐]

연습 2 그림을 보고 다음과 같이 묻고 대답해 봅시다.

> **가** : 오후에 뭐 하세요?
> **나** : 게임을 하거나 친구를 만나요.

쇼핑을 하다

✓게임을 하다

책을 읽다

저녁을 만들다

공부하다

✓친구를 만나다

집안일을 하다

텔레비전을 보다

산책하다

연습 3 친구에게 문제가 생겼어요. 어떤 방법이 있는지 다음과 같이 이야기해 줍시다.
Your friend has a problem. Give him/her an advice, following the example below.

> **가** : 너무 피곤해요.
> **나** : 커피를 마시거나 좀 쉬세요.

- 너무 피곤해요.
- 부모님이 보고 싶어요.
- 수업 시간에 졸려요.
- 감기에 걸렸어요.
- 여자(남자) 친구와 싸웠어요.
- 요즘 스트레스가 많아요.

졸리다
싸우다

준비 2 (이)나, 빈도 부사

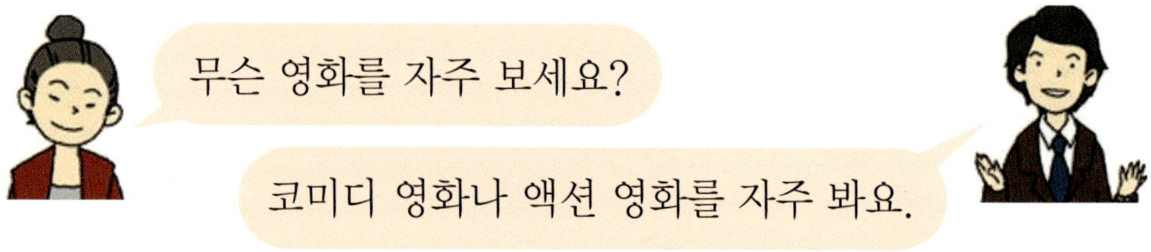

연습 1 다음과 같이 말해 봅시다.

저는 아침에 빵이나 밥을 먹어요.

1. 저는 아침에 (빵 / 밥)을 먹어요.
2. 저는 (집 / 도서관)에서 숙제를 해요.
3. (동대문시장 / 명동)에서 옷을 사요.
4. (이태원 / 대학로)에 고향 음식을 먹으러 가요.
5. 여자 친구 생일에 (향수 / 화장품)을 선물하고 싶어요.

연습 2 친구와 같이 묻고 대답해 봅시다.

1. **가** : 무슨 영화를 자주 보세요? (코미디 영화 / 액션 영화)
   나 : 코미디 영화나 액션 영화를 자주 봐요.
2. **가** : 점심에 뭘 자주 드세요? (비빔밥 / 김치찌개)
   나 : ______________________________.
3. **가** : 언제 운동을 하세요? (금요일 / 토요일)
   나 : ______________________________.
4. **가** : 내일 어디에서 만날까요?
   나 : ______________________________.
5. **가** : 무슨 차를 마시고 싶어요?
   나 : ______________________________.

(이)나

This particle connects two or more things and denotes that one of them is chosen.
If a noun or an adverb ends with a vowel, '나' is attached but if the noun or adverb ends with a consonant, '이나' is used.

- 사과나 배를 주세요.
- 빨간색이나 노란색이 잘 어울려요.

빈도 부사 (Frequency adverbs)

Adverbs expressing frequency include '자주, 가끔, 거의, 전혀'. '전혀' is often used in negative expressions.

- 떡볶이를 자주 먹어요.
- 숙제를 거의 다 했어요.
- 가끔 고향 생각이 나요.
- 요즘 바빠서 텔레비전을 전혀 볼 수 없어요.

연습 3 다음과 같이 묻고 대답해 봅시다.

가 : 고기를 자주 드세요?
나 : 아니요, 가끔 먹어요. 일주일에 한 번쯤 먹어요.

자주	가끔	거의 안	전혀 안

- 운동 1주일 / 네 번
- 영화 1년 / 한 번
- 쇼핑 토요일마다
- 고향 음식 ________
- 등산 ________
- 부모님 / 친구에게 전화 ________
- 여행 ________

연습 4 다음과 같은 일을 자주 하세요? 친구와 같이 이야기해 봅시다.
Do you often do the kind of work noted below? Discuss this with a partner.

가 : 압둘라 씨는 놀이공원에 자주 가세요?
나 : 네, 자주 가요. / 아니요, 거의 안 가요.

- 놀이공원에 가요.
- 혼자 식사를 해요.
- 화장을 해요.
- 검은색 옷을 입어요.
- 친구에게 이메일을 보내요.
- 컴퓨터 게임을 해요.
- 요리를 해요.
- 저녁 식사 후 산책을 해요.

가끔
거의
전혀
년
혼자
검은색
후

거의[거의/거이]

대화 34-1

왕쯔이	투이 씨, 주말 잘 보내셨어요?
투이	네, 저는 지난 주말에 친구하고 영화를 보러 갔어요.
왕쯔이	투이 씨는 영화를 좋아하세요?
투이	네, 특히 액션 영화를 좋아해서 자주 봐요. 왕쯔이 씨는 주말에 뭘 하세요?
왕쯔이	저는 집에서 쉬거나 가끔 친구를 만나요.

- 확인해 봅시다.
  - 투이 씨는 무슨 영화를 좋아합니까?
  - 왕쯔이 씨는 주말에 무엇을 합니까?

- 다음 표현을 사용해서 위와 같이 대화를 만들어 봅시다.

영화	*액션 영화*	✓ *집에서 쉬다* 운동을 하다 독서를 하다 ✓ *친구를 만나다*
영화	코미디 영화	
운동	축구	컴퓨터 게임을 하다 쇼핑을 하다 산책을 하다
쇼핑	구두	

(시간을) 보내다
특히
독서

특히[트키]

활동

- 우리 반 친구들은 주말에 무엇을 할까요? 친구들에게 주말에 아래의 일들을 하는지, 한다면 얼마나 자주 하는지 물어보세요. 친구의 대답을 아래의 표에 체크하고 친구의 주말 생활을 반 전체에 소개해 주세요.
What might our fellow classmates do over the weekend? Ask your classmates if they do any of the activities noted below, and if so how often they do these things. Check your classmates' responses with the list below and present how your classmates spend their weekends to the entire class.

늦게 일어나다 / 아침 식사 / 쇼핑 / 한국어 공부 / 게임 /
청소 / 텔레비전 / 데이트 / 아르바이트 / 여행 / 일찍 자다 /
친구를 만나다 / 고향에 전화하다

이름	주말에 하는 일	항상	자주	가끔	거의 안	전혀 안
이리나	늦게 일어나다	✓				
	아침 식사				✓	
	쇼핑					

읽기

여러분은 영화를 좋아해요? 좋아하는 영화배우가 있어요?
Do you enjoy films? Do you have a favorite actor?

읽어 봅시다. 34-2

투이 씨는 한국 영화를 자주 봅니다. 공포 영화나 코미디 영화를 좋아합니다. 특히 영화배우 장범준을 좋아해서 장범준이 나오는 영화는 항상 봅니다.

지난주에 친구가 투이 씨에게 영화 표를 줬습니다. 그 표에는 장범준의 이름이 있었습니다. 투이 씨는 너무 기뻐서 그 영화를 보러 갔습니다. 제일 앞자리에 앉아서 영화를 봤습니다.

그런데 영화가 좀 이상했습니다. 장범준의 얼굴은 나오지 않고 목소리만 나왔습니다. 투이 씨는 실망했지만 장범준의 목소리를 열심히 들었습니다. 다음에는 꼭 장범준이 나오는 영화를 보고 싶습니다.

가. 읽고 이야기해 봅시다.

1. 투이 씨는 영화 표를 보고 왜 기뻤습니까?
2. 투이 씨는 왜 실망했습니까?

나. 윗글을 읽고 맞으면 ○, 틀리면 ×를 하세요.

1. 투이 씨는 친구한테서 영화 표를 받았습니다. (　　)
2. 투이 씨는 동물 영화를 좋아합니다. (　　)
3. 투이 씨는 장범준 씨를 보고 실망했습니다. (　　)

항상
기쁘다
앞자리
실망하다

다. ______에 주의하면서 듣고 따라 해 봅시다. 34-3

1. 특히 투이 씨는 영화배우 장범준 씨를 좋아합니다.
2. 제일 앞자리에 앉아서 영화를 봤습니다.
3. 장범준의 얼굴은 나오지 않고 목소리만 나왔습니다.
4. 투이 씨는 실망했지만 장범준의 목소리를 열심히 들었습니다.

라. 읽은 내용을 대화로 만들어 봅시다.

친구 : 투이 씨, 한국 영화 좋아해요?

투이 : ______________________________.

친구 : 좋아하는 영화배우가 있어요?

투이 : ______________________________.

친구 : 그래요? ______________________________.
투이 씨에게 주고 싶어요.

투이 : 정말 고마워요. 이 영화를 꼭 ____________________.

다음 날 투이 씨는 영화 표를 준 친구를 만났습니다. 그 친구에게 무슨 말을 하고 싶습니까? 영화 이야기를 해 봅시다.
The following day, Tui ran into his friend to whom he had given a movie ticket. What would Tui want to say to his friend? Have a conversation about the movie.

35과 운동하는 것을 좋아하세요?

준비 1 -는 것

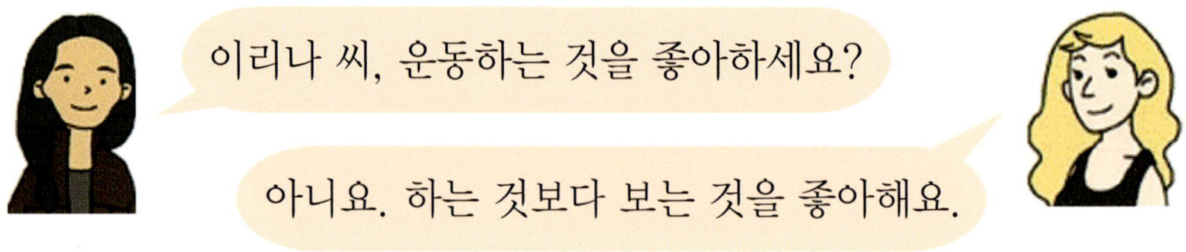

연습 1 다음과 같이 말해 봅시다.

1. 운동하다 : <u>운동하는 것</u>을 싫어해요.
2. 음악을 듣다 : ______________을 좋아해요.
3. 영화를 보다 : ______________이 제 취미예요.
4. 노래를 부르다 : _________________을 좋아하세요?
5. 단어를 설명하다: __________________이 어려워요.
6. 기숙사에 살다 : _______________이 어때요?

-는 것

Attached after the stem of a verb or '있다', '없다' ending adjectives to make a noun form. If a verb stem ends with 'ㄹ', 'ㄹ' should be deleted.

- 영화 보는 것을 좋아해요.
- 시간이 없는 것이 문제입니다.
- 걷는 것은 건강에 좋아요.
- 외국에서 사는 것은 쉽지 않습니다.

설명하다

연습 2 다음과 같이 묻고 대답해 봅시다.

> **가** : 제프리 씨, 취미가 뭐예요?
> **나** : 저는 운동하는 것을 좋아해요.

✓ 운동하다

영화 보다

음악 듣다

음식 만들다

춤추다

콘서트에 가다

여행하다

게임하다

사진 찍다

산책하다

연습 3 우리 반에 이런 것을 좋아하는 친구가 있는지 물어봅시다.
Find out if there is anyone among your classmates who enjoys this kind of activity.

> **가** : 혼자 영화 보는 것을 좋아하세요?
> **나** : 네, 아주 좋아해요.
> / 아니요, 싫어해요.

질문	친구 1	친구 2
혼자 영화를 보다		
그림을 그리다		
혼자 식사하다		
외국어 공부를 하다		
편지를 쓰다		
앞자리에 앉다		

앞자리[압짜리]

준비 2 -아/어/여 보다

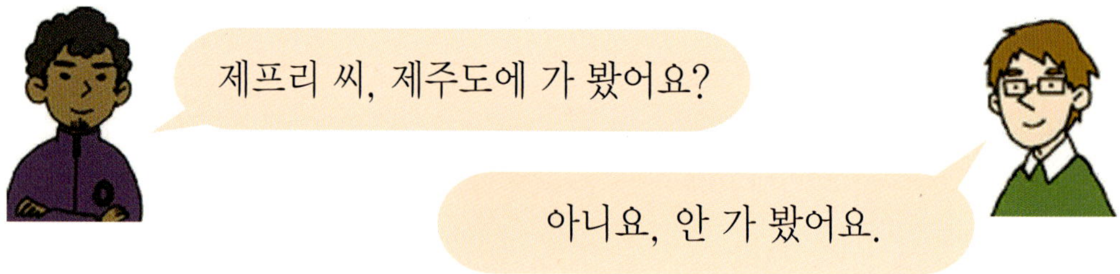

연습 1 다음과 같이 말해 봅시다.

제주도에 가 봤어요?

1. 제주도에 가다
2. 고속버스를 타다
3. 한국 노래를 부르다
4. 한복을 입다
5. 혼자 여행을 하다
6. 삼계탕을 먹다
7. 이 음악을 듣다

-아/어/여 보다

Attached after the stem of a verb to express trial of an action or past experience.

If the last syllable of a verb stem has 'ㅏ' or 'ㅗ', '-아 보다' should be used, but if the last syllable has any other vowel, '-어 보다' should be used, and finally, if the last syllable ends with '하다', '하여 보다(→해 보다)' should be used.

- 우리 집에 한번 와 보세요.
- 한국 노래를 해 봤어요?
- 이 음악을 들어 보셨어요?
- 제주도에 안 가 봤어요.

고속버스
한복

연습 2 다음과 같이 묻고 대답해 봅시다.

> 가 : 한강에서 유람선을 타 봤어요?
> 나 : 아니요, 안 타 봤어요.
> 가 : 그럼 한번 타 보세요. 아주 재미있어요.

1. 한강에서 유람선을 타다 / 아주 재미있다
2. 태권도를 배우다 / 재미있다
3. 한복을 입다 / 예쁘다
4. 한국 신문을 읽다 / 어렵지 않다
5. 찜질방에 가다 / 기분이 좋다
6. 떡볶이를 만들다 / 아주 간단하다
7. 시골 여행하다 / 경치가 좋다

연습 3 여러분은 한국에서 어디에 가 봤어요? 아래의 대화와 같이 여러분이 가 본 곳에 대해 친구에게 이야기하고 그 곳에서 하면 좋은 일을 이야기해 주세요.
Where have you visited in Korea? Following the example below, talk to your partner about the places you had visited and also discuss the kinds of activities one can enjoy at those places.

이름	장소	할 일	음식
바트	명동	쇼핑	칼국수

> 가 : 바트 씨, 명동에 가 봤어요?
> 나 : 네, 가 봤어요.
> 가 : 그래요? 저도 명동에 가고 싶어요. 명동에서는 무엇을 하는 것이 좋아요?
> 나 : 가게가 많으니까 쇼핑을 해 보세요. 아주 재미있을 거예요.
> 가 : 그래요? 음식은 뭘 먹는 것이 좋아요?
> 나 : 명동은 칼국수가 유명해요. 칼국수를 먹어 보세요.

유람선
찜질방
간단하다
시골
반바지
정장
목걸이
반지

떡볶이[떡뽀끼]

대화 35-1

윤아 간토야 씨, 운동하는 것을 좋아하세요?

간토야 아니요, 하는 것보다 보는 것을 좋아해요.

윤아 그래요? 저는 요즘 스포츠 댄스를 배우고 있어요.

간토야 스포츠 댄스요? 그거 어려워요?

윤아 전혀 어렵지 않아요. 간토야 씨도 배워 보세요.

간토야 저는 춤추는 것을 좋아하지 않아요. 하지만 윤아 씨가 하는 것을 보러 가고 싶어요.

● 확인해 봅시다.

- 간토야 씨는 운동하는 것을 좋아합니까?
- 윤아 씨는 스포츠 댄스가 어렵습니까?

● 다음 표현을 사용해서 위와 같이 대화를 만들어 봅시다.

운동하다	*보다*	*스포츠 댄스를 배우다*
운동하다	보다	요가를 배우다
요리하다	먹다	한국 요리를 배우다
노래 부르다	듣다	케이팝(K-pop)을 배우다

스포츠 댄스

어렵지[어렵찌]

활동

여러분은 가 보고 싶은 나라가 있어요? 그 나라에서 뭘 하고 싶어요?
그 나라에서 온 친구가 있으면 아래와 같이 궁금한 것을 물어 봅시다.

몽골

저는 몽골에 가 보고 싶어요. 몽골에서 말을 타 보고 싶어요. 그리고 몽골의 전통 집 게르에서 자 보고 싶어요. 밤에는 별이 많은 하늘을 보고 싶어요. 몽골에 가면 어디에서 말을 탈 수 있어요?

캐나다

러시아

스위스

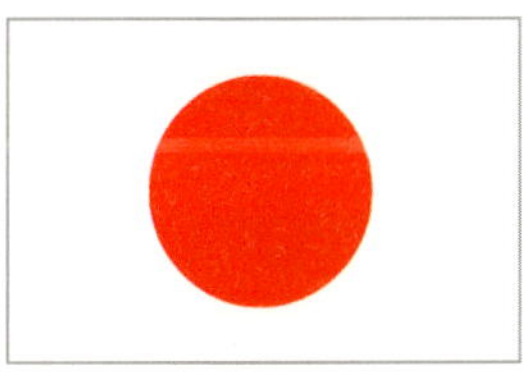
일본

미국

베트남

이집트

프랑스

읽기

여러분은 무슨 취미가 있습니까?
What are your hobbies and interests?

읽어 봅시다. 35-2

바트 씨는 취미가 많습니다. 사진 찍는 것을 좋아해서 주말마다 밖으로 사진을 찍으러 나갑니다. 또 여행하는 것도 좋아합니다. 방학이 되면 항상 친구들과 여행을 떠납니다.

바트 씨는 글을 쓰는 것도 좋아합니다. 날마다 일기를 쓰고 친구나 부모님께 편지도 자주 씁니다. 지난번 쓰기 대회 때 바트 씨는 재미있는 이야기를 써서 상을 받았습니다.

요즘 바트 씨는 영화를 찍는 일을 배우고 있습니다. 여러 사람을 만나는 것도 즐겁고 영화 일도 아주 재미있습니다. 나중에 영화를 만들어 보고 싶습니다.

바트 씨는 꿈이 많습니다. 사진작가도 되고 싶고 세계 여행도 하고 싶습니다. 또 유명한 소설가나 영화감독도 되고 싶습니다. 그래서 바트 씨는 요즘 고민이 많습니다.

가. 읽고 이야기해 봅시다.

1. 바트 씨의 취미는 무엇입니까?
2. 요즘 바트 씨는 요즘 무엇을 배우고 있습니까?
3. 바트 씨는 요즘 왜 고민이 많습니까?

나. 윗글을 읽고 맞으면 ○, 틀리면 × 하세요.

1. 바트 씨는 방학 때 고향에 가서 사진을 찍습니다. ( )
2. 바트 씨는 그림 그리는 것을 좋아합니다. ( )
3. 바트 씨는 하고 싶은 일이 많습니다. ( )

떠나다
글
지난번
대회
상
즐겁다
나중에
꿈
사진작가
세계
또
소설가
영화감독
고민

다. ______에 주의하면서 듣고 따라 해 봅시다. 35-3

1. 사진 찍는 것을 좋아해서 주말마다 밖으로 사진을 찍으러 나갑니다.
2. 지난번 쓰기 대회 때 바트 씨는 재미있는 이야기를 써서 상을 받았습니다.
3. 사진작가도 되고 싶고 세계 여행도 하고 싶습니다.

라. 읽은 내용을 대화로 만들어 봅시다.

친구 : 바트 씨, 취미가 뭐예요?

바트 : ______________________________.

친구 : 그래요? 취미가 많네요.

바트 : 요즘은 ______________________________.

친구 : 그래요? 바트 씨는 나중에 뭘 하고 싶어요?

바트 : 글쎄요. ______________________________.

여러분이 배우고 싶은 취미를 이야기해 봅시다.
Discuss the kinds of interests you would like to develop further.

36과 저녁은 제가 살게요

준비 1 -(으)ㄴ/는데요

윤아 씨, 내일 만날까요?

미안해요. 내일은 다른 약속이 있는데요.

연습 1 다음과 같이 말해 봅시다.

1. **가** : 내일 콘서트에 갈까요? (있다)
   나 : 미안해요. 내일 시험이 있는데요.
2. **가** : 저 영화를 볼까요? (좋아하지 않다)
   나 : 미안해요. 저는 무서운 영화를 ______________________.
3. **가** : 같이 식사할까요? (먹었다)
   나 : 저는 1시간 전에 ______________________.
4. **가** : 지금 좀 얘기할 수 있어요? (바쁘다)
   나 : 미안해요. 지금은 좀 ______________________.
5. **가** : 같이 운동을 할까요? (많다)
   나 : 미안해요. 오늘은 숙제가 ______________________.
6. **가** : 지금 통화할 수 있어요? (운전 중이다)
   나 : 지금 ______________________.

-(으)ㄴ/는데요

Used when the speaker delivers certain situation or indirectly express certain intention expecting listener' s follow-up response. It is also used when the speaker indirectly expresses his/her rejection.

After the stem of a verb, '-는데요' should be used. If the last syllable of an adjective has the syllable final consonant, '-은데요' should be used, and if the last syllable ends with a vowel or 'ㄹ', '-ㄴ데요' is used. After a noun, '이/가 아니다' and '있다/없다', '인데요', '이/가 아닌데요', and '있는데요/없는데요' is used respectively. It can be used with a tense marker.

- 가 : 얘기 좀 할까요?
  나 : 지금은 좀 바쁜데요.
- 가 : 여기에 앉아도 돼요?
  나 : 미안합니다. 제 자리인데요.
- 가 : 그럼 내일 만날까요?
  나 : 죄송합니다. 내일도 시간이 없는데요.
- 가 : 점심 먹으러 갈까요?
  나 : 벌써 먹었는데요.

전
통화하다
중

있는데요[인는데요]

연습 2 다음과 같이 묻고 대답해 봅시다.

1. **가** : 지금 같이 청소를 할까요? (지금 바쁘다)
   나 : 미안해요. <u>지금 바쁜데요</u>.
2. **가** : 불고기를 먹으러 갈까요? (고기를 안 먹다)
   나 : ________________.
3. **가** : 버스를 타고 갈까요?
   나 : ________________.
4. **가** : 빨간색 옷을 살까요?
   나 : ________________.
5. **가** : 백화점에 구두를 사러 갈까요?
   나 : ________________.

연습 3 친구의 제안에 다음과 같이 이유를 만들어 거절해 봅시다.
Your friend has suggested a proposition, but you reject it. Justify yourself with a reason, following the example below.

같이 식사하다	놀이공원에 가다
커피숍에 가서 커피를 마시다	주말에 저녁을 먹다
같이 쇼핑하러 가다	같이 축구하다

가 : 같이 식사할까요?
나 : 배가 안 고픈데요.
가 : 그럼 한 시간 후에 만나서 식당에 갈까요?
나 : 그때에는 친구와 약속이 있는데요.
가 : 그럼 내일은 어때요?
나 : 내일은 수업이 늦게 끝나는데요.
가 : 그럼 주말에는 어때요?
나 : 미안해요. 주말에는 숙제가 많은데요.
가 : 알겠어요. 그럼 다음에 같이 식사해요.

준비 2 -(으)ㄹ게요

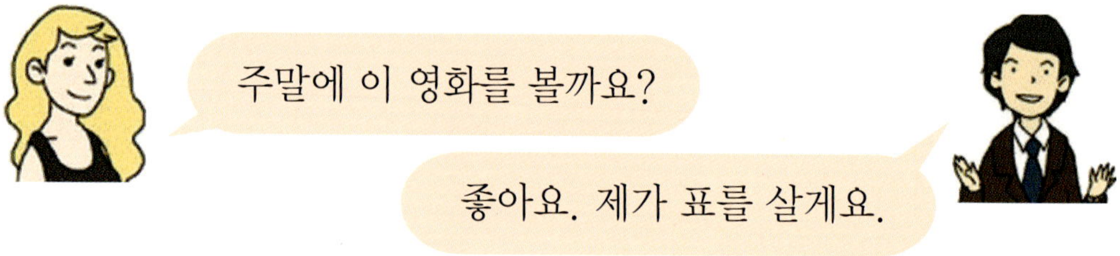

연습 1 다음과 같이 말해 봅시다.

1. **가** : 언제 전화할 거예요? (전화하다)
   나 : 이따가 다시 전화할게요.
2. **가** : 어디에서 기다릴 거예요? (기다리고 있다)
   나 : 여기서 ________________.
3. **가** : 음악이 좀 시끄러워요. (하다)
   나 : 죄송합니다. 조용히 ________________.
4. **가** : 교실이 너무 더워요. (열다)
   나 : 제가 문을 ________________.
5. **가** : 지훈 씨, 오늘도 지각했어요. (오다)
   나 : 내일은 학교에 일찍 ________________.
6. **가** : 좀 춥지 않아요? (닫다)
   나 : 그럼 창문을 ________________.
7. **가** : 피자 좀 더 드세요. (먹다)
   나 : 그럼 더 ________________.

-(으)ㄹ게요

Used when the speaker expresses his or her own willingness or expresses a promise to the listener. The subject should be the speaker himself/herself.

After a verb stem ends with a consonant, '-을게요' is used, but when a verb stem ends with a vowel, '-ㄹ게요' is used, and finally when a verb stem ends with 'ㄹ', '-게요' is used.

• 먼저 갈게요. • 제가 읽을게요. • 이번에는 제가 만들게요.

It is also used to ask simple permission.

• 문 좀 열게요. • 여기 좀 앉을게요.

시끄럽다
조용히
문

연습 2 다음과 같이 말해 봅시다.

1. **가 :** 몇 시까지 올 수 있어요? (4시까지 가다)
   나 : 4시까지 갈게요.
2. **가 :** 책을 누가 읽을까요? (제가 읽다)
   나 : ______________________.
3. **가 :** 지금 전화할 수 있어요?
   나 : 아니요. ______________________.
4. **가 :** 교실이 어두워요.
   나 : ______________________.
5. **가 :** (식당에서) 오늘 지갑을 안 가지고 왔어요.
   나 : ______________________.

연습 3 이런 일이 생기면 선생님과 친구들에게 어떤 약속을 할 거예요? 친구들에게 이야기해 봅시다.
If such a situation were to occur, what kind of commitment might you make to your teacher and your fellow classmates? Discuss this with your classmates.

오늘 숙제를 안 하면…….

시험에서 1등을 하면…….

선생님/친구 생일에…….

고향에 돌아가면…….

어둡다
1등
결혼하다

대화 36-1

제프리	마키 씨, 내일 시간 있어요?
마키	내일은 다른 약속이 있는데요. 왜요?
제프리	시간이 있으면 마키 씨하고 같이 영화를 보러 가고 싶어요.
마키	그래요? 목요일이나 금요일 저녁에는 시간이 괜찮아요. 그런데 무슨 영화예요?
제프리	코미디 영화예요.
마키	재미있겠네요. 그럼 우리 영화 보고 같이 식사해요. 저녁은 제가 살게요.

◎ 확인해 봅시다.

- 제프리 씨는 언제 마키 씨와 영화를 보러 갑니까?
- 영화를 본 후에 두 사람은 무엇을 하겠습니까?

◎ 다음 표현을 사용해서 위와 같이 대화를 만들어 봅시다.

영화를 보다	*목요일 / 금요일 저녁*	*코미디 영화*	*식사하다*
콘서트에 가다	토요일 / 일요일 오후	케이팝(K-POP) 콘서트	커피를 마시다
축제를 구경하다	금요일 / 토요일	벚꽃 축제	영화를 보다

있는데요[인는데요]　재미있겠네요[재미읻껜네요]

활동

다음과 같은 상황이라면 여러분은 무슨 약속을 하겠어요? 친구와 함께 아래의 대화처럼 '-(으)ㄹ게요'를 사용하여 역할극을 해 봅시다.
If you were faced with a situation like the one noted below, what kind of commitment might you make? Following the example below, prepare and perform a conversation using the '-(으)ㄹ게요' ending.

선생님 – 학생

날마다 숙제를 안 해요.
책을 안 가지고 와요.
연필도 없어요.

엄마 – 아이

아이가 엄마 말을 안 들어요.
날마다 늦게 자고 늦게 일어나요.

____

____

____

남편 – 아내

날마다 늦게 집에 들어와요.

____

____

____

____

남자(여자) 친구

친구가 내 생일을 잊어버렸어요.
다른 여자(남자)를 만나요.

____

____

____

선생님 : 장핑 씨, 숙제했어요?
장핑 : 죄송합니다. 어제 너무 바빴어요. 내일 꼭 할게요.
선생님 : 책은 가지고 왔어요?
장핑 : 아니요, 안 가지고 왔어요. 내일은 꼭 가지고 올게요.
선생님 : 연필은 있어요?
장핑 : 연필도 없어요. 내일은 꼭 준비할게요.

듣기

여러분은 약속을 하고 싶을 때나 약속을 거절하고 싶을 때 어떻게 말합니까?
When you want to make a commitment, or even when you want to refuse to make a commitment, how would you phrase this?

들어 봅시다. 36-2

가. 듣고 이야기해 봅시다.

1. 제프리 씨는 왜 마키 씨에게 전화를 했습니까?
2. 마키 씨가 어제 먹은 음식은 어땠습니까?
3. 학교 앞에 생긴 식당은 어떤 곳입니까?

나. 다시 한번 듣고 맞으면 O, 틀리면 X를 하세요.

1. 마키 씨는 토요일에 친구와 약속이 있어요. (　　)
2. 마키 씨는 인도 요리를 좋아하지 않아요. (　　)
3. 제프리 씨는 마키 씨하고 일요일에 같이 식사할 거예요. (　　)

다. 듣고 써 봅시다. 36-3

1. ______________________________.

2. ______________________________.

3. ______________________________.

한국에서 친구와 같이 간 곳에 대해 말해 봅시다.
Discuss a place in Korea that you had visited with a friend.

진짜
느끼하다

memo

37과 공항에 가야 해요

준비 1 -아/어/여 주세요

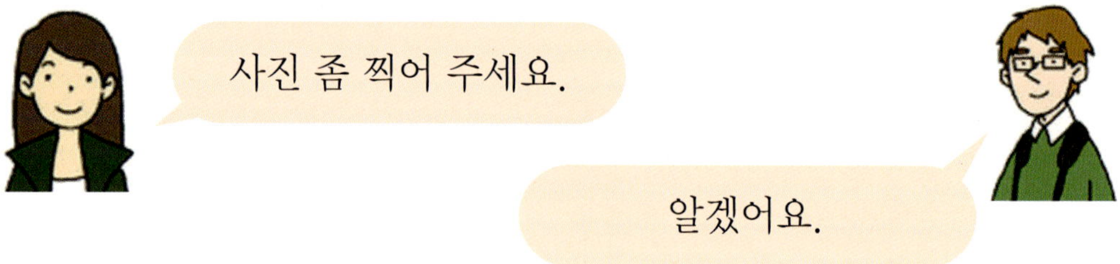

연습 1 다음과 같이 말해 봅시다.

1. 잘 모르겠어요. 다시 <u>설명해 주세요</u>. (설명하다)
2. 너무 추워요. 에어컨을 ____________________. (끄다)
3. 시끄러워요. 조용히 ____________________. (하다)
4. 고향 음식을 먹고 싶어요. ____________________. (만들다)
5. 바람이 많이 불어요. 창문을 ____________________. (닫다)
6. 오늘은 밤에 시간이 있어요. ____________________. (밤에 전화하다)
7. 앞머리가 너무 길어요. ____________________. (앞머리를 더 자르다)

-아/어/여 주세요

Used for making a polite request or command and used with a verb stem. If the last syllable of the stem of a verb has 'ㅏ' or 'ㅗ', '-아 주세요' should be used, but if the last syllable has other vowels, '-어 주세요' should be used, and finally if the last syllable has '하다', '하여 주세요 (→해 주세요)' should be used.

- 잠깐 여기에 앉아 주세요.
- 이따가 전화해 주세요.
- 전화번호를 가르쳐 주세요.

끄다
밤
앞머리

앞머리[암머리]

연습 2 그림을 보고 ( )에 들어갈 알맞은 부탁을 해 봅시다.
Look at the picture and fill in the blanks with an appropriate request.

연습 3 다음 장소에서 자주 부탁하는 말을 써 보고, 친구와 역할극을 해 봅시다.
Write down the common request made at the locations depicted below, and prepare and perform this conversation with a partner.

남대문으로 가 주세요

____

____

봉지에 넣다

____

____

포장하다

____

____

돈을 바꾸다

____

____

남대문
봉지
포장하다
바꾸다

준비 2 -아/어/여야 하다

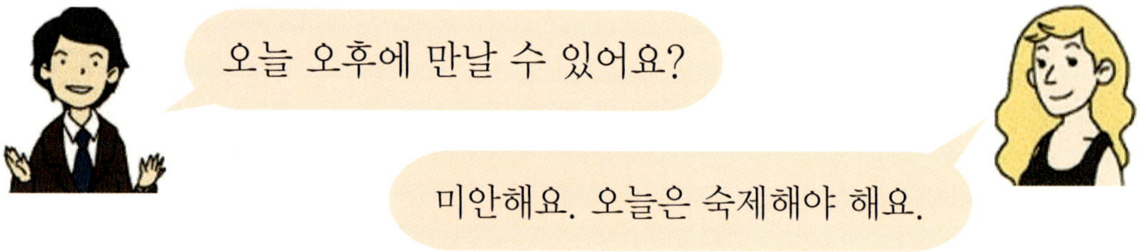

연습 1 다음과 같이 말해 봅시다.

1. **가 :** 주말에 시간 있어요? (공부하다)
   나 : 미안해요. 다음 주에 시험이 있어서 공부해야 해요.
2. **가 :** 명동에 어떻게 가요? (갈아타다)
   나 : 길음역에서 4호선으로 ____________.
3. **가 :** 방학 때 뭐 할 거예요? (고향에 가다)
   나 : 어머니가 아프셔서 ____________.
4. **가 :** 내일 이리나 씨 생일 파티에 올 수 있어요? (아르바이트를 하다)
   나 : 미안해요. ____________.
5. **가 :** 휴대 전화가 고장 났어요. 어떻게 해야 해요? (서비스 센터에 가다)
   나 : ____________.
6. **가 :** 아르바이트를 하고 싶어요. 어떻게 해야 해요? (친구에게 부탁하다)
   나 : ____________.

-아/어/여야 하다

Expresses meaning of obligation, necessity, and what should be. It can be attached after the stem of a verb, an adjective, '이다/아니다' and '있다/없다'. If the last syllable of a stem has 'ㅏ' or 'ㅗ', '-아야 하다' is used, but otherwise, '-어야 하다' is used. In case of the verb '하다', the form changes to '해야 하다'. In the case of 'N + 이다', if the noun ends with a vowel, 'N+여야 하다' is used, but if the noun ends with a consonant, 'N+이어야 하다' is used. 아니다 changes to '아니어야', and '있다' and '없다' changes to '있어야' and '없어야' respectively. In a colloquial situation, '-아/어/여야 되다' is used.

- 학교에 일찍 와야 해요.
- 시험공부를 해야 해요.
- 한국 음식이어야 해요.
- 시간이 없으니까 빨리 점심을 먹어야 해요.
- 학생증이 있어야 해요.
- 가수는 목소리가 좋아야 해요.

고장(이) 나다
서비스 센터
부탁하다

연습 2 다음과 같은 일이 생겼어요. 뭘 해야 해요? 친구와 이야기해 봅시다.
You are faced with the situation described below. What should you do? Discuss this with your partner.

무슨 일이 있어요?	뭘 해야 해요?
고향에서 친구가 와요.	방을 청소해야 해요.
친구 생일이에요.	
두 달 후에 결혼할 거예요.	
다음 주에 고향에 가요.	

연습 3 무엇을 해야 해요? 3~4명이 한 팀을 만들어 다음과 같이 말해 봅시다.
What should you do? In a group of 3-4 students, have a conversation, following the example below.

학생은 열심히 공부해야 해요.
학생은 수업에 일찍 와야 해요.
학생은 ……

아버지/어머니

선생님

제 남자(여자)친구

학생

대화 37-1

마키	여보세요. 저는 마키인데요. 알렉세이 씨 좀 바꿔 주세요.
하숙집 아주머니	네, 잠깐만 기다리세요.
알렉세이	여보세요.
마키	알렉세이 씨, 저 마키예요. 미안하지만 내일 약속을 좀 바꿀 수 있어요? 고향에서 친구가 와서 공항에 가야 해요.
알렉세이	그래요? 그럼 언제 만날까요?
마키	지금은 잘 모르겠어요. 나중에 다시 연락할게요.
알렉세이	알겠어요.
마키	감사합니다. 그럼 안녕히 계세요.

- 확인해 봅시다.
  - 마키 씨는 왜 알렉세이 씨에게 전화를 했습니까?
  - 마키 씨는 내일 어디에 갑니까?

- 다음 표현을 사용해서 위와 같이 대화를 만들어 봅시다.

고향에서 친구가 와서 공항에 가야 해요.

다리를 다쳤어요.

고향에 계신 할머니가 돌아가셨어요.

아르바이트가 생겼어요.

방 친구가 많이 아파요.

하숙집
잠깐만
연락하다
다치다
돌아가시다

연락할게요[열라칼께요]

활동

다음과 같은 일이 생겨서 친구에게 부탁을 해야 합니다. 친구에게 어떻게 말하면 좋을까요? 다음 상황에서 하나를 골라 아래의 대화와 같이 역할극을 해 봅시다.
You are faced with the situation described below and you need to ask a friend for a favor. How should you phrase this to your friend? Select one of the situations below and prepare and perform a conversation, following the example below.

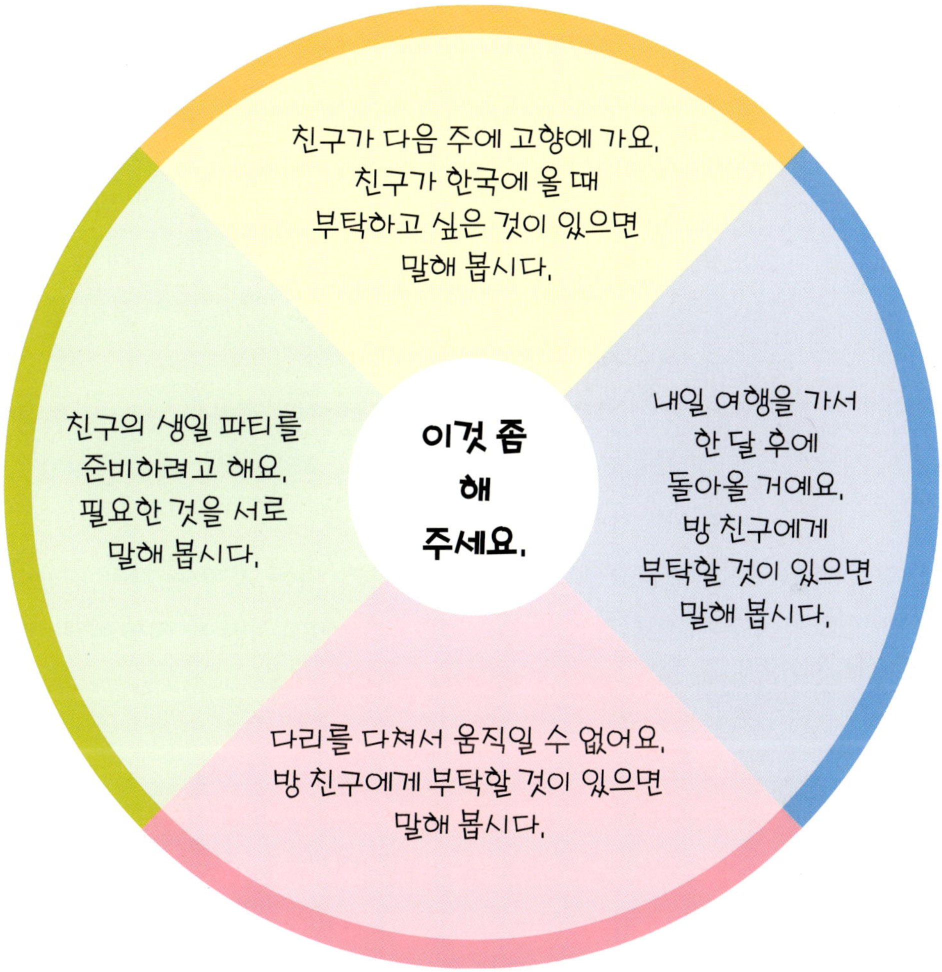

마키 : 바트 씨, 이번 주말에 투이 씨 생일이어서 파티를 할 거예요. 바트 씨도 올 수 있어요?
바트 : 네, 갈 수 있어요.
마키 : 그럼, 우리 파티 준비를 해요. 무엇을 준비해야 해요?
바트 : 저는 음식을 만들게요. 마키 씨는 과자하고 음료수를 준비해 주세요.
마키 : 알겠어요. 그리고 청소도 해야 해요.
바트 : 맞아요. 그럼 제가 창문을 닦을게요. 마키 씨는 청소를 해 주세요.

읽기

- 여러분은 다른 일이 생겨서 약속을 바꾼 적이 있어요?
  Have you ever had to change plans because something else had come up?

- 읽어 봅시다. 37-2

마키 씨는 주말에 간토야 씨와 명동에서 같이 쇼핑을 하고 싶었어요. 마키 씨는 살 것이 많이 있었어요. 명동에서 옷, 화장품, 구두를 사고 싶었어요. 그런데 갑자기 고향에 있는 친구한테서 전화가 왔어요. 그 친구는 토요일에 서울에 올 거예요. 한국말을 전혀 몰라서 마키 씨가 서울을 안내해야 해요.

마키 씨는 간토야 씨에게 미안했지만 전화를 해서 약속을 취소했어요. 그리고 주말에 친구하고 같이 여행할 곳을 계획했어요. 맛있는 한국 식당도 예약했어요.

드디어 토요일이 되었어요. 마키 씨는 공항에 가서 친구를 기다렸지만 친구가 오지 않았어요. 도착 시간이 4시간이 지났어요. 하지만 친구는 나오지 않았어요.

가. 읽고 이야기해 봅시다.

1. 마키 씨는 왜 주말에 명동에 가려고 했어요?
2. 마키 씨는 왜 간토야 씨에게 전화했어요?
3. 마키 씨는 왜 공항에 갔어요?
4. 지금 마키 씨의 기분은 어떨까요?

나. 윗글을 읽고 맞으면 ○, 틀리면 ×를 하세요.

1. 마키 씨는 지난 주말에 간토야 씨와 명동에서 쇼핑을 했어요. (　　)
2. 마키 씨 친구는 한국어를 할 수 없어요. (　　)
3. 마키 씨는 간토야 씨와 같이 공항에 갔어요. (　　)

갑자기
안내하다
취소하다
계획하다
드디어
지나다
하지만

다. ______에 주의하면서 듣고 따라 해 봅시다. 37-3

1. 마키 씨는 살 것이 많이 있었어요.
2. 갑자기 고향에 있는 친구한테서 전화가 왔어요.
3. 그 친구는 한국말을 전혀 몰라서 마키 씨가 서울을 안내해야 해요.
4. 고향 친구하고 같이 여행할 곳을 계획했어요.

라. 여러분은 마키 씨입니다. 읽은 내용으로 간토야 씨에게 전화를 걸어 약속을 취소하는 대화를 만들어 봅시다.
Pretend that you' re Maki. Practice a conuersation in which you call Gantuya to cancel plans with her using what you read.

간토야 : 여보세요.

마키 : ______________________________.

간토야 : 왜요? 무슨 일이 있어요?

마키 : ______________________________.

간토야 : 그래요? 그런데 친구와 같이 무엇을 할 거예요?

마키 : ______________________________.

간토야 : 네, 알겠어요. ______________________.

앞의 글과 이어지는 다음 이야기를 상상해서 써 봅시다.
Imagine the situation noted above along and continued in the following text and write about it.

memo

문화 Culture

제가 살게요
It's my treat.

In Korea, you will often see people at the cash register of a restaurant arguing over who will pay for the meal. Many foreigners may think that this is a real fight, but that is far from the truth. What is actually happening is that each person is insisting on paying for the meal to treat everyone else. As this is customary for Korean people who are used to a culture of collectivity, the Western custom of each paying for one' s own meal is somewhat uncomfortable. However, you should be careful not to forget that even in this situation. There are certain rules that are followed that may not be obvious. For example, if a friend pays for a meal, it will be your turn to pay for the next outing. Or if a friend pays for movie tickets, after the show it is expected that you will pay for coffee. If you are already familiar with this system, you are already basically Korean.

● 해 봅시다.

- 식사를 사 주는 친구에게 커피를 사겠다고 말해 보세요.
  Let' s say your friend had already paid for a meal. Practice telling your friend that you want to buy coffee.

친구 : 점심 식사는 제가 살게요. I'll get lunch.
나 : ______________________________.

부록 Appendices

KOOKMIN KOREAN1

- 듣기 대본 및 듣기/읽기 해답 Listening Script and Answers
- 번역 Translation
- 어휘 색인 Vocabulary Glossary

22과 읽기

가. 1. 삼청동에 갈 거예요.
2. 1시에 기숙사 정문 앞에서 만날 거예요.
나. 1. × 2. ○ 3. ○

23과 읽기

가. 1. 한국 음식을 좋아해요. 삼계탕과 갈비찜, 그리고 시원한 냉면을 좋아해요.
2. 삼청동에 자주 가요.
3. 뜨거운 삼계탕을 먹어요.
나. 1. × 2. ○ 3. ×

24과 듣기

안녕하세요? 저는 장핑입니다. 요리하기를 좋아합니다 저는 자주 요리를 하고 사진을 찍습니다. 그리고 제 인터넷 블로그에 요리법을 소개합니다.
저는 여러 나라 음식을 먹으러 식당에도 자주 갑니다. 제 블로그에는 여러 나라 음식 사진이 많습니다. 많은 사람들이 제 음식 사진과 요리법을 좋아합니다.
저는 한국에 한국 요리를 배우러 왔습니다. 한국 사람들에게 중국 요리도 소개하고 싶습니다. 나중에 예쁜 요리책도 만들고 싶습니다.
여러분, 제 블로그에 한번 놀러 오세요.

가. 1. 요리를 배우러 왔어요.
2. 요리법과 음식 사진이 있어요.
나. 1. × 2. × 3. ○
다. 1. 저는 여러 나라 음식을 먹으러 식당에도 자주 갑니다.
2. 저는 한국에 한국 요리를 배우러 왔습니다.
3. 나중에 예쁜 요리책도 만들고 싶습니다.

25과 읽기

가. 1. 친구가 저녁 식사에 초대했습니다.
2. 미국에서는 수프를 먼저 먹습니다.
나. 1. × 2. × 3. ○

26과 읽기

가. 1. 아침부터 눈이 왔어요.
2. 수업이 끝나고 반 학생들과 운동장에 나갔어요.
눈길을 걷고 사진도 찍고 눈사람도 만들었어요.
3. 스키를 타러 갈 거예요.
나. 1. ○ 2. ○ 3. ×

27과 읽기

가. 1. 장마철이에요. 계속 비가 와요.
2. 반가웠습니다.
3. 윤아 씨와 지훈 씨를 만날 거예요.
나. 1. ○ 2. × 3. ○

28과 듣기

지훈 오늘 정말 덥네요. 베트남도 많이 더워요?
투이 한국보다 더 더워요. 보통 여름 기온이 30도예요.
지훈 정말 덥겠어요. 저는 여름을 좋아하지 않아요.
투이 그러면 지훈 씨는 무슨 계절을 좋아하세요?
지훈 저는 계절 중에서 봄을 제일 좋아해요.
투이 한국 사람들은 봄에 보통 뭘 해요?
지훈 공원에서 꽃구경을 하고 자전거도 타요. 투이 씨 자전거를 탈 수 있어요?
투이 네, 탈 수 있어요. 이번 주말에 자전거를 타러 갈까요?
지훈 미안해요. 요즘은 너무 더워요. 가을에 타러 가요. 오늘은 영화를 보러 갈까요?
투이 좋아요. 오늘은 영화를 봐요. 그리고 자전거는 가을에 타러 가요.

가. 1. 공원에서 꽃구경을 하고 자전거도 타요.
2. 더워요. 3. 영화를 볼 거예요
나. 1. × 2. ○ 3. ×
다. 1. 저는 계절 중에서 봄을 제일 좋아해요.
2. 투이 씨, 자전거를 탈 수 있어요?
3. 이번 주말에 자전거를 타러 갈까요?

29과 읽기

가. 1. 보령 머드축제에 다녀왔어요.
2. 머드 마사지와 머드 게임을 할 수 있어요.
3. 수영복이 없어서 수영을 하지 않았습니다.
나. 1. × 2. ○ 3. ×

30과 읽기

가. 1. 국민대학교 게시판에 글을 썼어요.
2. 친구들과 N서울타워에 갔어요.
3. 전망대에 올라갔어요. 그리고 식당에서 스파게티를 먹었어요.
나. 1. ○ 2. × 3. ×

31과 읽기

가. 1. 장핑이 알렉세이 씨에게 썼어요.
2. 중국 문화 축제에 알렉세이 씨를 초대하고 싶어서 카드를 썼어요.
3. 길음역 지하철 4호선
나. 1. × 2. ○ 3. ×

32과 듣기

간토야 여보세요? "종로 식당"입니까?
식당 주인 네, 맞습니다.
간토야 저는 어제 예약한 간토야입니다. 그런데 길을 잘 몰라서 전화드렸습니다.
식당 주인 아, 지금 어디에 계십니까?
간토야 명동이에요.
식당 주인 그럼, 명동역에서 지하철을 타고 서울역까지 오세요. 그리고 서울역에서 내려서 1호선으로 갈아타세요.

시청역에서 내려서 3번 출구로 나오세요. 3번 출구 근처에 "종로 식당"이 있습니다.
간토야 여기에서 시간이 얼마나 걸려요?
식당 주인 지하철로 20분쯤 걸립니다.
간토야 네, 알겠습니다.

가. 1. 종로 식당에 전화했어요.
2. 명동에 있어요.
3. 지하철로 20분쯤 걸려요.
나. 1. ○ 2. × 3. ×
다. 1. 서울역에서 내리세요.
2. 1호선으로 갈아타세요.
3. 시청역에서 내리세요.
4. 3번 출구로 나오세요.

33과 읽기

가. 1. 한국여행사 직원과 전화를 하고 있습니다.
2. 비행기 표를 사고 싶어서 전화했습니다.
나. 1. ○ 2. × 3. ×

34과 읽기

가. 1. 장범준의 이름이 있어서 기뻤습니다.
2. 영화에 장범준의 얼굴은 나오지 않고, 목소리만 나와서 실망했습니다.
나. 1. ○ 2. × 3. ×

35과 읽기

가. 1. 사진 찍는 것, 여행하는 것, 글을 쓰는 것입니다.
2. 영화를 찍는 일을 배우고 있습니다.
3. 사진작가도 되고 싶고, 소설가나 배우도 되고 싶습니다.
나. 1. × 2. × 3. ○

36과 듣기

제프리 여보세요. 마키 씨, 저 제프리예요.
마키 안녕하세요, 제프리 씨.
제프리 마키 씨, 주말에 약속이 있어요?
마키 약속은 없지만 집에서 할 일이 좀 있는데요. 하지만 일요일에는 괜찮아요. 왜요?
제프리 학교 앞에 인도 식당이 생겼어요. 마키 씨가 인도 음식 좋아하니까 같이 가 볼까요?
마키 저는 어제도 동대문에서 인도 음식을 먹었어요. 하지만 너무 달고 느끼했어요.
제프리 그랬어요? 하지만 학교 앞에 있는 식당은 요리사가 인도 사람이에요. 진짜 인도 요리를 하니까 맛있을 거예요.
마키 좋아요. 그럼 한번 가 봐요. 제가 토요일 밤에 다시 전화할게요.
제프리 네, 기다릴게요. 안녕히 계세요.
마키 네, 안녕히 계세요.

가. 1. 마키 씨와 학교 앞에 새로 생긴 인도 식당에 같이 가고 싶어서 전화했습니다.
2. 달고 느끼했습니다.
3. 인도 사람이 요리하는 인도 식당입니다.
나. 1. × 2. × 3. ○
다. 1. 약속은 없지만 집에서 할 일이 좀 있는데요.
2. 너무 달고 느끼했어요.
3. 제가 토요일 밤에 다시 전화할게요.

37과 읽기

가. 1. 쇼핑을 하고 싶었어요.
2. 약속을 취소하려고 전화했어요.
3. 친구를 만나려고 공항에 갔어요.
4. (자유 답안)
나. 1. × 2. ○ 3. ×

번역 Translation

Lesson 22

Zhang Ping	Maki, do you want to go eat together?
Maki	That sounds good. Where shall we go?
Zhang Ping	Let' s go to the Korean restaurant across the street from the school. The food there is delicious.
Maki	All right. Let' s go there. What dishes are good there?
Zhang Ping	Their bulgogi is delicious, and the naengmyeon is good, too.

Lesson 23

Zhang Ping	Everything in this restaurant is delicious. So, I come here often.
Maki	What is sundubu jjigae? Is it spicy?
Zhang Ping	Yes. It is a little spicy.
Maki	How does bulgogi taste like? Is it spicy?
Zhang Ping	No. Bulgogi is not a spicy dish. It is sweet.
Maki	Zhang Ping, do you like bulgogi?
Zhang Ping	Yes. I like it very much.

Lesson 24

Zhang Ping	Maki, what are you going to get?
Maki	I want to get bulgogi.
Zhang Ping	Really? I want to eat neangmyeon. Excuse me!
(The server approaches)	
Server	What would you like to have, sir?
Zhang Ping	We' d like two servings of bulgogi and a bowl of naengmyeon. And also water.
Server	Okay.

Lesson 25

Maki	Yes, it was delicious. But the server was a bit unfriendly.
Zhang Ping	You are right. The food there is delicious, but the server is a little unfriendly.
Maki	Next time, let' s go to another restaurant where the food is delicious and feels friendly.
Zhang Ping	Then, you should come to my house. I' m a good cook.

Lesson 26

Abdullah	It' s really cold today.
Irina	Russia is even colder.
Abdullah	Is that right? It' s colder in Russia than It is in Korea?
Irina	Yes. Normally, it is 40 below in the winter.
Abdullah	That must be very cold.
Irina	How about Saudi Arabia?
Abdullah	The winter is warmer there than it is here in Korea.

Lesson 27

Zhang Ping	It is much hotter than it was last week.
Yuna	It got warmer after the rainy season.
Zhang Ping	Well then, what foods are popular among Koreans in the summer?
Yuna	In the summer, Korean people eat a lot of shaved ice with red bean. It is quite cool and delicious.
Zhang Ping	Then, shall we go eat it now?
Yuna	Yes. Let' s hurry up and go.

Lesson 28

Thuy	Jihoon, what is your favorite season?
Jihoon	I like autumn when the leaves are changing. I think it' s beautiful. So I often go hiking in the fall.
Thuy	I like hiking, too.
Jihoon	Really? Shall we go to the mountains together tomorrow?
Thuy	Oh, I' m sorry. I have an exam tomorrow. So I cannot go. Let' s go some other time.

Lesson 29

Wang Ziyi	Bat, how was the beach you went to last weekend?
Bat	I didn' t go to the beach over the weekend.
Wang Ziyi	Why not?
Bat	Since the weather was cold, instead of going to the beach, I watched a movie.
Wang Ziyi	You must have felt bad.
Bat	I was okay because I enjoyed the movie I watched over the weekend.

Lesson 30

Kaoru	Excuse me. Is there a bank nearby?
Passerby	Yes. Go to that intersection and make a left. There is a bank next to the post office.
Kaoru	Is it far from here?
Passerby	No. It' s not far. But they close at four, so you' d better hurry.
Kaoru	Is that right? Thank you.

Lesson 31

Zhang Ping	Teacher, how do I get to the Immigration office?
Teacher	Take the number 1020 bus.
Zhang Ping	How long does it take to get there from school?
Teacher	It takes about 30 minutes by bus.
Zhang Ping	Where should I get off?
Teacher	Get off at Angukdong. They announce the stops, so pay attention.

Lesson 32

Abdullah	Wang Ziyi, are you going to Alexei' s birthday party today?
Wang Ziyi	Yes. But where are they having it?

Abdullah	It will be at 'Cha Cha' near Itaewon station.
Wang Ziyi	But, how do I get to Itaewon station?I don't know the way very well.
Abdullah	Take the number four subway line at Gileum station. Then at Samgakji station, transfer to the number six. At Itaewon station, "Cha Cha" will be close to the number three exit.
Wang Ziyi	All right. I'll see you there.

Lesson 33

Yuna	Shall we go on a trip to Busan during our break?
Thuy	Yes, I'd like that! How do we get to Busan?
Yuna	By train. We can make a reservation on the Internet.
Thuy	But, if we cannot make a reservation, what shall we do?
Yuna	Don't worry. We can also go by bus.
Thuy	All right. What should we do to prepare?
Yuna	Shall I pack some drinks and snacks to eat on the train?

Lesson 34

Wang Ziyi	Thuy, did you have a good weekend?
Thuy	Yes. I went to the movies with my friend last weekend.
Wang Ziyi	Do you like movies, Thuy?
Thuy	Yes. I like action movies, so I watch them often. What do you do on weekends, Wang Ziyi?
Wang Ziyi	I relax at home or sometimes I meet up with friends.

Lesson 35

Yuna	Do you like to exercise, Gantuya?
Gantuya	No. I prefer watching sports over participating in them.
Yuna	Is that right? I've been learning sports dance recently.
Gantuya	Sports dance? Is it difficult?
Yuna	It's not difficult at all. Why don't you try it, Gantuya?
Gantuya	I don't like to dance. But I'd like to go and see you dance.

Lesson 36

Jeffrey	Maki, are you free tomorrow?
Maki	I have an appointment tomorrow. Why?
Jeffrey	If you had time, I wanted to go to the movies with you, Maki.
Maki	Really? I am free Thursday and Friday night. What movie is it?
Jeffrey	It's a comedy featuring animals.
Maki	That sounds like fun. Then let's go see it and also have dinner together. It will be my treat.

Lesson 37

Maki	Hello. This is Maki. May I speak to Alexei please? Boarding house owner: Yes. Just a moment.
Alexei	Hello.
Maki	Alexei, it's Maki. I am sorry but can we change our plans for tomorrow? My friend from hometown is coming to visit and I need to go to the airport.
Alexei	Really? Then, when shall we meet?
Maki	I'm not sure right now. I'll be in touch with you later.
Alexei	Okay.
Maki	Thank you. Then, bye.

对话

第22课

张平 : 马奇，我们一起去吃饭吧。
马奇 : 好啊，去哪儿?
张平 : 去学校前边的韩式餐厅吧。那儿的菜很好吃。
马奇 : 好的。去那儿吧。 他们餐厅最拿手的菜是什么?
张平 : 烤牛肉很好吃，冷面也不错。

第23课

张平 : 这家餐厅的菜都很好吃，所以我经常来这儿吃饭。
马奇 : 豆花汤是什么菜? 辣吗?
张平 : 是有点儿辣的菜。
马奇 : 烤牛肉味道怎么样? 辣不辣?
张平 : 不辣，烤肉又香又甜。
马奇 : 张平，你爱吃烤牛肉吗?
张平 : 我很喜欢吃。

第24课

张平 : 马奇，咱们点什么菜?
马奇 : 我想吃烤牛肉。
张平 : 是吗? 我想吃冷面。 服务员!
(服务员过来了。)
服务员 : 请问，二位要点什么菜?
张平 : 来两份烤牛肉和一碗冷面。 再给我们拿点儿水吧。
服务员 : 好的。请稍等。

第25课

张平 : 马奇，吃好了吗?
马奇 : 吃得很好。不过，这里的阿姨态度不太好。
张平 : 对。这家餐厅的菜很好吃，不过服务态度是不太好。
马奇 : 下次我们去一个菜也好吃，态度也好的地方吧。
张平 : 那你来我家吧。我做菜做得很好吃。

第26课

亚图拉 : 今天可真冷。
伊梨娜 : 俄罗斯比这儿更冷。
亚图拉 : 是吗? 俄罗斯比韩国还冷吗?
伊梨娜 : 是啊。冬天的平均气温是零下40度。
亚图拉 : 那一定很冷。
伊梨娜 : 沙特阿拉伯怎么样?
亚图拉 : 冬天比韩国暖和。

第27课

张平 : 天气比上周热多了。
潤雅 : 一过了梅雨季节，天气就热了。
张平 : 那韩国人夏天爱吃什么菜?
潤雅 : 韩国人夏天一般都爱吃红豆牛奶冰，很凉爽还好吃。
张平 : 那，我们现在就去吃红豆牛奶冰，怎么样?
潤雅 : 好啊，快走吧。

第28课

图依 : 智薰，在四个季节中，你最喜欢哪一季节?
智薰 : 我最喜欢秋天。因为秋天的红叶很美， 所以秋天我经常去爬山。
图依 : 我也喜欢爬山。
智薰 : 是吗? 那明天我们一起去爬山，怎么样?
图依 : 不好意思，明天我有考试，所以去不了。我们下次再去吧。

第29课

王紫怡 : 巴特，你上个周末去看了大海，怎么样?
巴特 : 周末我没去看大海。
王紫怡 : 为什么?
巴特 : 天气太冷了，所以我没去海边，去看了电影。
王紫怡 : 你心情一定不太好。
巴特 : 周末看的电影挺好看的，所以心情还可以。

第30课

卡敖路 : 请问，这附近有银行吗?
过路人 : 有，你在那个十字路口往左拐吧。 邮局旁边就是银行。
卡敖路 : 从这儿到银行远不远?
过路人 : 不太远。 不过银行四点就关门，你快去吧。
卡敖路 : 是吗? 谢谢您。

第31课

张平 : 老师，怎么去出入境管理事物所?
老师 : 你坐1020路公共汽车去吧。
张平 : 从学校到那儿有多远?
老师 : 坐公交车大概三十分种左右。
张平 : 在哪儿下车?
老师 : 你在安国洞下车就行。车上播报报站广播，你注意听听。

第32课

亚图拉：王紫怡，你今天去不去参加亚力塞的生日聚会？
王紫怡：去啊。生日聚会在哪儿开？
亚图拉：在梨泰院站的'차차'。
王紫怡：梨泰院站怎么走？我对路还不太熟悉。
亚图拉：你先在吉音站坐地铁四号线。到了三角地站再换乘地铁六号线。到梨泰院站从三号出口出来就是'차차'。
王紫怡：我知道了，一会儿见。

第33课

润雅：图依，等放了假我们一起去釜山旅行，怎么样？
图依：好啊，釜山怎么去？
润雅：坐火车去。可以在网上订票。
图依：万一订不上票，那可怎么办？
润雅：你不用担心，我们还可以坐长途汽车去。
图依：知道了，那有什么需要准备的吗？
润雅：我们准备些饮料和零食在火车上吃，怎么样？

第34课

王紫怡：图依，周末过得好吗？
图依：不错。我跟朋友去看了电影。
王紫怡：你喜欢看电影吗？
图依：是，我特别喜欢看动作片，所以经常去看。王紫怡，周末你都做些什么？
王紫怡：我一般在家休息，偶尔去见朋友。

第35课

润雅：甘涛涯，你喜欢体育运动吗？
甘涛涯：不，我只是喜欢观看体育比赛。
润雅：是吗？最近我在学习交际舞。
甘涛涯：交际舞？难吗？
润雅：一点儿也不难。你也学一学看。
甘涛涯：我不喜欢跳舞。可是我想去看看你跳舞。

第36课

杰弗利：马奇，明天你有时间吗？
马奇：明天我有别的安排。怎么了？
杰弗利：要是你有时间，我想跟你一起去看场电影。
马奇：是吗？周四或周五晚上都可以。不过，是什么电影？
杰弗利：是动物表演的喜剧片。
马奇：应该很有意思。那我们先看电影，然后一起吃饭吧。晚饭我请客。

第37课

马奇：喂，我是马奇，麻烦您帮我转给亚力塞。
寄宿房阿姨：好，你稍等一下。
亚力塞：喂！
马奇：亚力塞，我是马奇。不好意思，我明天恐怕不能跟你见面了。有一个朋友从老家过来，我得去机场接他。
亚力塞：是吗？那我们什么时候见？
马奇：现在还不太清楚，过两天我再跟你联系。
亚力塞：那好吧。
马奇：谢谢你。我们下次再见。

文法

第22课

■ －(으)ㄹ까요?: 与动词词干结合使用，用于向对方提议共同做某一件事情或者询问有无合作的意向。动词词干以元音结尾或以'ㄹ' 收音，用'-ㄹ까요?'；以辅音结尾，用'-을까요?'。经常一起使用的状语有 '같이，함께'等。同意提议的时候，说"네，-아/어/여요"。一般来说，拒绝提议的时候，不是直接了当地说"아니요"，而是表示抱歉或者说出拒绝的理由。

■ 무슨: 用于名词前面，具有'什么样的，哪个种类'的意思。询问名词的特点或状态时，用'어떤'。

■ －고: 与动词和形容词的词干结合使用，表示连接两种以上的行为、状态、事实。

第23课

■ ㅂ 不规则 动词/形容词: 以'ㅂ'收音的动词和形容词的词干与以元音开始的词尾相结合时，'ㅂ'的形态变成 '오'或'우'，这一现象称为'ㅂ不规则现象'。除了'돕다'和 '곱다'以外，词干'ㅂ'都变成'우'。与'돕다'和 '-곱다'结合的词尾为'어/아'时，'ㅂ'变成'오'；结合的词尾为'-으'时，则变成'우'。在词干以'ㅂ'收音的动词和形容词当中，'잡다'，'입다'，'좁다'等的'ㅂ'不发生任何形态变化。

■ －(으)ㄴ: 和形容词词干相结合，修饰后面的名词，表现该名词所具有的具体的属性或状态。形容词词干以元音结尾或以'ㄹ'收音时，与 '-ㄴ'结合；以辅音结尾，与'-은'结合。像'재미있다，재미없다'一样有 '있다'，'없다'的形容词，则与'-는'结合。

第24课

■ －고 싶다: 和动词词干相结合，用于表示说话人有做某事的意愿。第三人称主语后面用'-고 싶어 하다'。

■ －(으)세요，－지 마세요: '－(으)세요'和动词词干相结合，表示命令、请求。动词词干以元音结尾或以 'ㄹ'收音时，用'-세요'；动词词干以 'ㄹ'以外的其他收音结尾时，用'-으세요'。'–(으)세요'的否定用法为 '–지 마세요'，表示禁止做某一行为。

第25课

■ －지만: 与动词和形容词的词干相结合，表示前面所说的事实与后面所指的事实正相反或相互对立。可与表示时态的'-았-'或'-겠-'同时使用。也有像'실례지만'，'죄송하지만'一样的惯用语。

■ ㄹ 탈락: 指的是动词和形容词的词干以'ㄹ'收音的时候，在以'ㄴ'，'ㅂ'，'ㅅ'，'ㄹ'开始的词尾前面，'ㄹ'脱落的现象。

第26课

■ 보다: 位于名词后面，比较相互之间的差别时使用。与'보다'结合的名词成为被比较的对象。经常与'더' 一起使用。

■ -겠-[2]: 与动词和形容词的词干结合，用于揣测或估计状况和状态，这时要有进行揣测的某一线索。揣测过去发生的某一事实时，要在 '-겠-'的前面加上'-았/었/였-'，变成'-았/었/였겠-'。

第27课

■ -아/어/여지다: 位于形容词后面，表示状态逐渐向这个形容词含义所指的方向发生变化。动词和形容词词干最后一个音节的元音为'ㅏ'，'ㅗ'时，用'-아지다'；不是'ㅏ'，'ㅗ'，则用'-어지다'；'하다'类的动词与 '-여지다'(→해지다)结合使用。

■ -는: 这是一个词尾，位于动词和'있다'，'없다'的后面，起修饰后面名词的作用。表示其事件或行为正在进行、或者与终结文章的动词在同一时段同时进行。

第28课

■ 중에서 제일: 表示在同类的人或事物中最好。

■ (으)ㄹ 수 있다/없다: 和动词词干相结合，表示有可能或有能力做某一件事。以辅音结尾的动词词干，用' -을 수 있다'；以元音结尾的动词词干，用'-ㄹ 수 있다'。以'ㄹ'收音的动词词干用'-수 있다'。表示不可能时，用 '-(으)ㄹ 수 없다'。

第29课

■ -(으)ㄴ: 与动词结合，起修饰名词的作用。表示其动词所表达的事实或行为曾经发生过或者保持着动作的完成状态。词干以辅音结尾，与 '-은'结合使用；以元音结尾的词干，与'-ㄴ'结合使用。词干以'ㄹ'收音时，'ㄹ'脱落，与'-ㄴ'结合使用。(相关语法 -는: 27课)

■ -아/어/여서[1]: 和动词和形容词的词干相结合，表示前面所述的行为和状态是客观原因或理由。动词和形容词词干最后一个音节的元音为'ㅏ,ㅗ'，用'-아서'；除了'ㅏ,ㅗ'以外的其他元音，用'-어서'；'하다' 类的动词，用'-여서'(→해서)。还可与名词结合，'名词以辅音结尾，用 '-이어서'；以元音结尾的名词，用'-여서'。即使前面分句中所陈述的情状和理由是过去发生的，也不能与 '-았/었/였-'结合使用。与此相同，表示意愿和揣测的时候，也不能与'-겠-'结合使用。后面的分句不能使用表示命令和请求的终结词尾。

第30课

■ (으)로[1]: 与名词结合，表示移动方向。名词以辅音结尾，用'으로'；以元音结尾或以'ㄹ'收音的名词，用 '로'。经常与'가다'，'오다'，'내려가다'，'올라가다'，'들어가다'，'들어오다' 等动词一起使用。

■ -(으)니까: 与动词和形容词的词干结合，表示前一个分句为后一个分句的原因或根据。词干以辅音结尾，用'-으니까'，以元音结尾，用 '-니까'。与名词结合使用时，名词以辅音结尾，用'이니까'；以元音结尾，用 '-니까'。可与表时态的词语结合使用。(相关语法 -아/어/여서1: 29课)

第31课

■ (으)로[2]: 与名词结合，表示其名词为某种行为的工具、手段、方法。名词以辅音结尾，用 '으로'，以元音结尾或以'ㄹ'收音，则用'로'。(相关语法 (으)로[1]: 30课)

■ ㄷ 不规则 动词/形容词: 在词干尾音为'ㄷ'的动词中，如果词尾由元音开始，那词干的尾音'ㄷ'则变成'ㄹ'，这类词语称为ㄷ不规则 动词/

形容词。这类动词包括'듣다', '걷다', '묻다', '싣다', '깨닫다'等。

■ 에서 ~까지: 与名词结合, 表示起点和终点 。

第32课

■ -아/어/여서[2]: 位于前一个分句的动词词干后面, 按照时间顺序连接前后句子中的行为。这时, 前一句所指动作成为后一句所指动作的方法或手段, 也可以用在保持着前一个动作的同时发生后一动作的情况。动词词干的尾音元音为'ㅏ', 'ㅗ', 用'-아서'; 尾音元音为'ㅏ', 'ㅗ'以外的其他元音, 用'-어서'; '하다'类的动词则与'-여서'(→해서)结合使用。不能与表时态的词语一并使用, 前后句子的主语要相同。(相关语法 -아/어/여서[1]: 29课)

■ 르 不规则 动词/形容词: 指词干尾音为'르'的动词和形容词位于词尾'-아/어'前面时, 'ㅡ'脱落并添加'ㄹ'的现象。

第33课

■ -(으)면: 与动词和形容词的词干结合, 表示条件或假设的意思。词干以辅音结尾, 与'-으면'结合; 以元音结尾或以'ㄹ'收音, 则与'-면'结合使用。

■ -(으)ㄹ: 这是一个词尾, 在动词'있다', '없다'后面修饰名词, 用于表示其事实或行为具有揣测、预定、意愿、可能性等不确定的意味。以辅音结尾的动词词干, 用'-을'; 以元音结尾或以'ㄹ'收音的动词词干用'-ㄹ'。(相关语法 -는, -(으)ㄴ:27课, 29课)

第34课

■ -거나: 这是一个承接词尾, 表示在两个以上的动作或状态中进行选择。与动词和形容词的词干结合使用。

■ -(이)나: 这是一个助词, 表示列举两个以上的对象, 并从中进行选择。以元音结尾的名词和状语用'나', 以辅音结尾的名词和状语用'이나'。

■ 频率 副词: 表示频率, 包括'자주', '가끔', '거의', '전혀'等。'전혀'经常与表示否定的词语一起使用。

第35课

■ -는 것: 和动词词干或'있다', '없다'的词干相结合, 可以起到把动词转换成名词的作用。动词词干的收音为'ㄹ'时, 'ㄹ'脱落。

■ -아/어/여 보다: 位于动词词干后面, 表示尝试或经验。动词词干的尾音为元音'ㅏ', 'ㅗ', 用'-아 보다'; 不是'ㅏ', 'ㅗ', 则用'-어 보다'; '하다'类的动词, 用'하여 보다(→해 보다)'。

第36课

■ -(으)ㄴ/는데요: 期待着听话人的反应, 转达或间接表达某种情况时使用。 也可用来委婉地表示拒绝。动词词干用'-는데요', 以辅音结尾的形容词词干用'-은데요', 以元音结尾或以'ㄹ'收音的形容词词干用'-ㄴ데요'。名词的情况, '인데요'和'이/가 아니다', 用'이/가 아닌데요'。'있다/없다'的情况, 使用'있는데요/없는데요'。也可与时态标志结合使用。

■ -(으)ㄹ게요: 用于说话人向对方表示自己的意愿或决心, 主语为说话人本人。以辅音结尾的动词词干用'-을게요', 以元音结尾的动词词干用'-ㄹ게요', 以'ㄹ'收音的动词词干用'-게요'。

第37课

■ -아/어/여 주세요: 用于以谦恭的态度请求对方或下命令, 与动词词干相结合。动词词干为'ㅏ','ㅗ', 用'-아 주세요'; 动词词干为其他元音, 用'-어 주세요'; '하다' 则写成'하여 주세요(→ 해 주세요)'。

■ -아/어/여야 하다: 表示义务、需要、应该如此, 同动词和形容词的词干、'이다/아니다'的词干、'있다/없다'的词干相结合。词干以'ㅏ', 'ㅗ'音结尾, 用'-아야 하다'; 以其他元音结尾, 用'-어야 하다'; 动词'하다'要换成'해야 하다'。'名词+이다'中, 名词的尾音为元音, 用'-여야 하다', 尾音为辅音, 则用'-이어야 하다'。'아니다'换成'아니어야'; '있다'和'없다'换成'있어야', '없어야'的形态。口语中可使用'아/어/여야 되다'。

어휘 색인 Vocabulary Glossary